[Wissen für die Praxis]

Weiterführend empfehlen wir:

Selbstsicher reden – selbstbewusst handeln
ISBN 978-3-8029-3978-5

Geschickt kontern: Nie mehr sprachlos!
ISBN 978-3-8029-4702-5

Gelassenheit siegt!
ISBN 978-3-8029-4707-0

Reden macht Leute!
ISBN 978-3-8029-3931-0

Redetraining als Persönlichkeitsbildung
ISBN 978-3-8029-4666-0

Überzeugen ohne Sachargumente
ISBN 978-3-8029-3857-3

Menschen gewinnen per Telefon
ISBN 978-3-8029-3975-4

Weitere Titel unter: www.WALHALLA.de

Wir freuen uns über Ihr Interesse an diesem Buch. Gerne stellen wir Ihnen zusätzliche Informationen zu diesem Programmsegment zur Verfügung.

Bitte sprechen Sie uns an:

E-Mail: WALHALLA@WALHALLA.de
http://www.WALHALLA.de

Walhalla Fachverlag · Haus an der Eisernen Brücke · 93042 Regensburg
Telefon 0941/5684-0 · Telefax 0941/5684-111

Gudrun Fey

Kontakte knüpfen und beruflich nutzen

Erfolgreiches Netzwerken

7., aktualisierte Auflage

Bibliografische Information der Deutschen Nationalbibliothek
Die Deutsche Nationalbibliothek verzeichnet diese Publikation in der Deutschen
Nationalbibliografie; detaillierte bibliografische Daten sind im Internet über
http://dnb.dnb.de abrufbar.

Zitiervorschlag:
Gudrun Fey, Kontakte knüpfen und beruflich nutzen
Walhalla Fachverlag, Regensburg 2015

7., aktualisierte Auflage

© Walhalla u. Praetoria Verlag GmbH & Co. KG, Regensburg
Alle Rechte, insbesondere das Recht der Vervielfältigung und Verbreitung
sowie der Übersetzung, vorbehalten. Kein Teil des Werkes darf in irgendeiner Form
(durch Fotokopie, Datenübertragung oder ein anderes Verfahren) ohne schriftliche
Genehmigung des Verlages reproduziert oder unter Verwendung elektronischer
Systeme gespeichert, verarbeitet, vervielfältigt oder verbreitet werden.
Produktion: Walhalla Fachverlag, 93042 Regensburg
Umschlaggestaltung: grubergrafik, Augsburg
Druck und Bindung: Westermann Druck Zwickau GmbH
Printed in Germany
ISBN 978-3-8029-3944-0

Schnellübersicht

Professionell netzwerken	7
Wovon der Erfolg im Beruf wirklich abhängt	9
Was ist ein „Netzwerk"?	17
Netzwerk-Vorteile sinnvoll ausschöpfen	21
Testen Sie sich: Sind Sie ein Netzwerk-Typ?	35
Entwickeln Sie Ihre kommunikativen Fähigkeiten	59
Ergreifen Sie die Initiative	71
Kontaktpflege gehört dazu!	79
Wie Sie Kontakte in Beziehungen umwandeln	89
Netzwerken mit Kunden	93
Netzwerken im Beruf	101
Netzwerken in der Freizeit	115

12	**Ein eigenes professionelles Netzwerk gründen**	**123**
13	**Netzwerken im Internet**	**125**
14	**Stichwortverzeichnis**	**142**

Professionell netzwerken

Ärgern Sie sich manchmal darüber, dass andere Menschen, die Sie kennen und deren berufliche Leistung Sie als genauso gut wie Ihre eigene bewerten, mehr Erfolg haben und schneller Karriere machen als Sie? Angenommen, es bestehen tatsächlich keine Leistungsunterschiede, was verhilft diesen Personen zum Erfolg? Es sind Beziehungen, die diese Menschen aufbauen und dann auch gezielt nutzen, oder kurz gesagt: Es ist das professionelle Netzwerken.

Früher gab es ein natürliches Netzwerk, in das man hineingeboren wurde: die Familie, deren Zusammenhalt selbstverständlich war. Darüber hinaus gab es noch die Dorfgemeinschaft, in der jeder jeden kannte.

Heute leben jedoch viele in der Anonymität der Großstadt. Die Bewohner aus den umliegenden Parteien kennt man nur vom Sehen. Selbst in kleineren Orten gibt es oft keinen Kontakt mehr zu den Nachbarn, besonders dann, wenn ein solcher Ort nur zum Schlafen dient oder als Freizeitdomizil.

Das heißt, Sie müssen sich Ihr eigenes Netzwerk aufbauen oder sich in bereits vorhandene Netzwerke eingliedern. Dieses Buch zeigt Ihnen, wie Sie Netzwerk-Strategien sinnvoll für Ihren beruflichen Erfolg nutzen können.

Dr. Gudrun Fey

Download inklusive

Mentoring – als Instrument der gezielten Personalentwicklung – ist eine Sonderform des Netzwerkens. Mehr zum Thema Mentoring als berufsbegleitende Partnerschaft sowie Tipps, wo und wie Sie einen Mentor oder eine Mentorin finden, lesen Sie in einem zusätzlichen Kapitel, das Ihnen als Download am Ende des Buches zur Verfügung steht.

Wovon der Erfolg im Beruf wirklich abhängt

Es ist nie die persönliche Leistung allein! 10
Wahre Egoisten handeln kooperativ 12
„Ich gebe, damit du gibst!" 14

Es ist nie die persönliche Leistung allein!

Erfolg beruht nie allein auf der persönlichen Leistung. Auch sogenannte Einzelkämpfer haben im Hintergrund immer ein entsprechendes Unterstützungsnetz oder mindestens einen Menschen, der ihnen die Chance gibt, ihr Können zu entwickeln und zu zeigen!

Eine Untersuchung bei IBM in den USA hat ergeben, dass die persönliche Leistung

- nur zu 10 Prozent an der Beförderung beteiligt ist,
- das Image 30 Prozent dazu beiträgt und

der Bekanntheitsgrad zu 60 Prozent der wichtigste Faktor ist.[1]

Um bekannter zu werden und das richtige Image zu erlangen, müssen Sie in Netzwerke integriert sein. Außerdem brauchen Sie Mentoren, die Sie fördern. Sie allein können sich nicht „befördern", dazu gehört immer mindesten eine andere Person, die Ihnen die Chance gibt, die an Sie glaubt.

Ein bisschen Glück gehört dazu

Erfolg wird auch durch andere Faktoren begünstigt. An erster Stelle wird hier gern „Glück" genannt. Natürlich braucht man immer auch etwas Glück, um zum richtigen Zeitpunkt dem richtigen Menschen über den Weg zu laufen.

Doch ist es wirklich „Glück", wenn etwa ein Professor beim Universitätsball eine Studentin, die ihm durch hervorragende Leistungen aufgefallen ist, einem befreundeten Unternehmer vorstellt, der ihr einen Traumjob bieten kann? Nein, es kommen hier mehrere Faktoren zusammen: Zum einen die persönliche Leistung, zum zweiten, dass sie dem Professor aufgefallen ist, zum dritten, dass sie auf dem Ball war, viertens, dass der Professor sie entdeckte, fünftens, dass der Unternehmer ebenfalls auf dem Ball war, und sechstens, dass er sie vorstellte und schließlich, dass sie einen so guten Eindruck machte – was wiederum ihr Verdienst ist –, dass ihr der Unternehmer eine Stelle anbot.

---

[1] Zahlen aus: Asgodom, Sabine: Eigenlob stimmt.

Es ist nie die persönliche Leistung allein!

Auf Ihr Timing kommt es an!

Erfolg wird durch den richtigen Zeitpunkt begünstigt. Besonders Künstler sind immer davon abhängig, dass ihre Kunstwerke dem Zeitgeschmack entsprechen und von anderen gekauft werden. Finden sie niemanden, der sie sponsert, können sie meist „am Hungertuch nagen".

Jeder Mensch ist „netzwerkabhängig"

Früher sprach man von Mäzenen, von Beziehungen oder von „Vitamin B", heute benutzt man den positiven Begriff des Netzwerkens bzw. „Networking". Wie sehr Sie auf das Netzwerken angewiesen sind, ist auch eine Frage des Berufes und Ihrer persönlichen Ziele. Denn je nachdem, was für einen Beruf Sie haben, können Sie nur (!) durch und mit anderen Menschen erfolgreich werden und bleiben.

Beispiele:

- Ein Ingenieur mit produktiven Ideen ist auf andere angewiesen, die die Qualität seiner Ideen erkennen und bei ihrer Umsetzung helfen.
- Freiberufler und Selbstständige, Immobilienmakler, Finanz- und Versicherungsdienstleister, Unternehmensberater, Handwerker, Buchhändler, Hotelbesitzer oder andere Dienstleister sind abhängig von der positiven Beurteilung anderer. Sie müssen glaubwürdig, vertrauenswürdig und außerdem sympathisch wirken.
- Bei Ärzten und Rechtsanwälten kommt als Erschwernis hinzu, dass sie nur eingeschränkt Werbung für sich machen dürfen.
- Schauspielerinnen oder Entertainer sind nur so lange erfolgreich, wie das Publikum sie will. Sind sie einmal in Ungnade gefallen, ist es schwer, die Gunst des Publikums zurückzugewinnen.

Besonders schwierig sind Dienstleistungen zu vermarkten, die in hohem Maße Vertrauen voraussetzen und außerdem noch erklärungsbedürftig sind. Als wir unser Unternehmen study & train in

1 Stuttgart gründeten, wollten wir mit einem Paukenschlag starten. In Zusammenarbeit mit einem wirklich kompetenten Mailingberater gestalteten wir unsere Seminarbroschüre inklusive Anschreiben. Ein wichtiger Erfolgsfaktor bei Mailingaktionen sind die richtigen Adressen. Wir verschickten über 100.000 Mailings und dachten, nun laufen bei uns die Telefone heiß. Doch wir wurden bitter enttäuscht. – Aus diesem Fall können Sie etwas Wichtiges lernen. Selbst wenn die Mailings optimal gestaltet sind und Sie auch die richtigen Adressen haben: „Vertrauen lässt sich nicht durch Mailings aufbauen." Deshalb braucht der Aufbau eines Unternehmens, das auf Vertrauen angewiesen ist, Zeit. Diese können Sie jedoch verkürzen, indem Sie alle in diesem Buch beschriebenen persönlichen Weiterentwicklungsmöglichkeiten und Netzwerk-Chancen nutzen, um Ihren Bekanntheitsgrad schnell zu steigern und ein vertrauenswürdiges Image aufzubauen.

Wahre Egoisten handeln kooperativ

Gute Netzwerker zeichnen sich durch ihre Liebe zu Menschen aus. Und das ist nicht altruistisch, im Sinne von „selbstlos handeln", zu verstehen! Netzwerker dürfen durchaus in ihrem tiefsten Innern Egoisten bleiben. Es kommt lediglich darauf an zu erkennen, dass sich Kooperation in den allermeisten Fällen für beide Seiten auszahlt.

Wichtig: Gute Netzwerker sind „menschenorientiert" und weniger „sach- oder problemorientiert". Für sie gibt es letztlich nichts Interessanteres und Wertvolleres auf der Welt als Menschen. Sie wissen, dass jeder Mensch ihnen etwas geben kann und dass auch sie das Leben eines anderen Menschen entsprechend bereichern können. Schätzen Sie sich dagegen als „sachorientierten" oder sogar langweiligen Typ ein, werden Sie vermutlich auch von anderen so eingeschätzt. Ich kenne einen Agraringenieur, der diese Meinung von sich hat. Es gelang mir jedoch, ihn davon zu überzeugen, dass auch der langweiligste Mensch anderen etwas bieten kann. Er kann sich nämlich zu einem guten Zuhörer entwickeln und wird feststellen, dass andere Menschen deshalb gern seine Nähe suchen, weil es nur wenig wirklich gute Zuhörer gibt.

Wahre Egoisten handeln kooperativ

Praxis-Tipp:

- Wenn Sie Ihre Netzwerk-Aktivitäten steigern wollen, achten Sie im Moment weniger auf die Qualität, sondern auf die Quantität. Wichtig ist, dass Sie sich überhaupt darin trainieren, Kontakte zu knüpfen. Erst später, wenn Sie Kontakte in Beziehungen umgewandelt haben, können Sie sie auch beruflich nutzen.
- Sie sollten deshalb möglichst viele Kontakte knüpfen, um stets einen Ansprechpartner zu haben, wenn man jemanden mal dringend braucht.

Beispiel:

Sie lernen auf einer Geburtstagsfeier einen sympathischen Tierarzt kennen. Sie haben zwar noch keinen Hund, doch Ihre jüngste Tochter wünscht sich sehnlichst einen. Sie wissen also, zu welchem Tierarzt Sie gehen können, wenn Ihre Tochter einen Hund bekommen hat und Sie Hilfe benötigen.

Ziel muss sein, Kontakte zu knüpfen, bevor man sie braucht. Fleiß und Ausdauer sind hier vonnöten. Erinnern Sie sich an die zwei Frösche, die jeweils in einen Krug mit Milch fielen. Der eine machte einige Versuche, gab dann auf, nachdem er keinen Erfolg hatte, und ertrank. Der andere jedoch trat und strampelte so lange mit seinen Beinen in der Milch, bis sich oben Butter gebildet hatte und er darauf hinausklettern konnte.

Wichtig: Warten Sie nicht auf die tollen Kontaktmöglichkeiten, vielleicht warten Sie vergeblich, sondern ergreifen Sie jede sich bietende Gelegenheit beim Schopfe. Wenn Sie dann Ihr Netzwerk aufgebaut haben, können Sie ja immer noch wählerisch sein und sich überlegen, welche Kontakte lohnenswert sind und welche Sie einschlafen lassen wollen.

Wenn Sie von nun ab Netzwerken professionell betreiben, sollten Sie weiterhin freundschaftliche Beziehungen zu netten Verwandten, Kollegen oder Bekannten pflegen, ohne immer gleich darauf

Wovon der Erfolg im Beruf wirklich abhängt

zu schauen, ob und inwiefern Ihnen dieser Kontakt beruflich nutzt. Oder wie es Ralph Waldo Emerson einmal ausdrückte: „The only way to have a friend is to be one."

1 „Ich gebe, damit du gibst!"

Netzwerken beruht auf der Reziprozitätsregel „Do ut des" – oder auf Englisch: „No give, no get."

Manche haben Angst, als „Schnorrer" zu gelten, wenn sie durch Beziehungen weiterkommen. Das passiert jedoch nicht, wenn Sie sich jeweils erkenntlich zeigen. Sie müssen jedoch nicht das, was Ihnen der andere Gutes getan hat, in gleicher Weise zurückzahlen, sondern hier gilt das Motto: Jeder nach seinen Fähigkeiten, jeder nach seinen Möglichkeiten.

So können Sie sich bei einem Lehrer, der einst Ihre Begabung erkannt und gefördert hat, sicher nicht in dem Maße erkenntlich zeigen, wie es angemessen wäre. Doch wenn Sie ihn im Rahmen eines Klassentreffens wiedersehen und er sich bei Ihnen über die Probleme bei der Handhabung einer bestimmten Software beklagt und Sie sich da auskennen, können Sie ihm ja Hilfe anbieten.

Der bekannte Archäologe Richard Leakey sieht in der Reziprozitätsregel oder dem Gegenseitigkeitsprinzip sogar ein Überlebensprinzip für Menschen, ohne das wir nicht mehr existieren würden. Dadurch, dass unsere Vorfahren gelernt haben, gemeinsam auf die Jagd zu gehen, Nahrung und andere zum Überleben wichtige Dinge zu teilen oder zu tauschen, sind wir das geworden, was wir sind.[2]

„Do ut des" (Ich gebe, damit du gibst): Dieser Spruch galt schon bei den Römern und basiert auf der Reziprozitätsregel. Diese Regel besagt, dass Sie, wenn Sie von einer Person etwas bekommen haben, sich verpflichtet fühlen, ihm etwas Vergleichbares zukommen zu lassen.

---

[2] Vgl. Cialdini, Robert: Die Psychologie des Überzeugens, Huber

Beispiele:

- Wenn ich einen Kollegen wegen der Reparatur seines Autos einige Tage zum Bahnhof fahre, erwarte ich, dass er sich revanchiert, wenn ich einmal ein paar Tage auf mein Auto verzichten muss.
- Eine Freundin von mir war mit einem sehr reichen Unternehmer liiert. Er machte ihr wie selbstverständlich teure Geschenke. Ihr fiel es schwer, diese Dinge anzunehmen, weil sie glaubte, sich nicht revanchieren zu können. Schließlich merkte sie, dass sie ihm durchaus Gleichwertiges bieten konnte, indem sie ihm immer kleine Hasen – die er sammelte – aus Glas, Porzellan, Zinn, Holz und anderen Materialien mitbrachte oder ihm von unterwegs eine Postkarte schickte zum Zeichen dafür, dass sie an ihn dachte.

Praxis-Tipp:

Wenn Sie erfolgreich netzwerken wollen, ist es notwendig herauszufinden, was Sie anderen Menschen jeweils bieten können.

Was ist ein „Netzwerk"?

Typen von Netzwerken 18
Test: Wie gut sind Sie im Netzwerken? 19

Typen von Netzwerken

Netzwerke bilden eine anspruchsvolle und hochkomplexe Organisationsform.[3] Der Zusammenschluss erfolgt auf freiwilliger Basis. Oft gibt es wenig oder gar keine hierarchische Struktur. Selbstorganisation ist ein weiteres Merkmal dieser Form des Zusammenschlusses. Es existieren keine festen Posten oder wenn, dann ist ein häufiger Wechsel durchaus üblich. Deshalb ist es manchmal gar nicht einfach, die Strukturen und Mechanismen – vor allem für Außenstehende – zu durchschauen. Es ist außerdem eine sehr flexible Form der Zusammenarbeit, die jedoch aufgrund teilweise nicht festgelegter Entscheidungswege Probleme hat, Ziele zu erreichen.

Da der Begriff „Netzwerk" kein geschützter Begriff ist, lässt sich prinzipiell jede halbwegs dauerhafte Vereinigung, die regen Informationsaustausch, Kommunikation, persönliche Hilfestellung und gegenseitige Förderung zum Ziel hat, hierunter subsumieren. So kann man selbstverständlich auch seine selbst aufgebauten Beziehungen als „Netzwerk" verstehen.

Typen von Netzwerken

- Berufsbezogene Netzwerke, etwa der Juristinnenbund, VDI, Trainertreffen, GABAL, Q-Pool 100, GSA (German Speakers Association)
- Berufs- und branchenübergreifende Netzwerke, wie DeGefest, EWMD (European Women's Management Development Network), Marketingclubs, BVMW, bpw (Business Professional Women's Club), FIM (Frauen im Management)
- Übergeordnete Netzwerke, wie Freimaurer, Rotarier, Lions, Zonta, Soroptimisten
- Internet-Netzwerke oder Online-Netzwerke, auch soziale Netzwerke genannt. Am bekanntesten sind Facebook, LinkedIn, Twitter oder auch XING.
- Persönliche Netzwerke, die Sie selbst aufbauen und pflegen

---

[3] Nach Ingrid Heinz, Heinz Consulting, Usingen

In diesem Buch geht es prinzipiell um den systematischen Aufbau und die Pflege eines eigenen Netzwerkes. Dennoch spielen auch andere Netzwerke eine Rolle, da Netzwerke selbst wiederum mit anderen Netzwerken verknüpft werden können.

Test: Wie gut sind Sie im Netzwerken?

Bitte beantworten Sie die folgenden Fragen mit „Ja" oder „Nein". Nach der Lektüre dieses Buches testen Sie bitte, ob aus den „Neins" jetzt „Jas" geworden sind.

Prüfkriterien		
	Ja	Nein
▪ Ich bin gern unter Menschen.	☐	☐
▪ Ich komme leicht mit einem anderen Menschen ins Gespräch.	☐	☐
▪ Ich spüre sofort, ob es mir gelungen ist, zu einem anderen Menschen eine gute Beziehung herzustellen.	☐	☐
▪ Ich kann mir Namen gut merken.	☐	☐
▪ Ich habe Respekt vor der Leistung anderer und lobe deshalb gern ihre Leistung.	☐	☐
▪ Ich spreche gern Empfehlungen aus.	☐	☐
▪ Ich bin mir bewusst, dass für den beruflichen Erfolg „netzwerken" wichtiger als die Arbeitsleistung ist.	☐	☐
▪ Andere fragen mich gern um Rat.	☐	☐
▪ Ich bin auf XING, LinkedIn, Twitter, Facebook oder einem anderen sozialen Netzwerk aktiv.	☐	☐
▪ Zu meinem letzten Geburtstag gratulierten mir mehr als 30 Menschen.	☐	☐
▪ Ich gratuliere vielen Menschen persönlich zum Geburtstag.	☐	☐

Was ist ein „Netzwerk"?

Prüfkriterien		
	Ja	Nein
■ Ich verschicke zwischen 30 und mehr Weihnachtskarten (nicht E-Mails!).	☐	☐
■ Ich werde oft zu persönlichen Anlässen, wie Geburtstag, Verabschiedung, Jubiläum eingeladen.	☐	☐
■ Ich bedanke mich immer, wenn mir jemand etwas Gutes getan hat.	☐	☐
■ Ich schreibe Dankesbriefe/Dankeskarten (nicht E-Mails!).	☐	☐

Praxis-Tipp:

Suchen Sie sich ein Vorbild: Angenommen, Sie sind mit Ihrem Testergebnis unzufrieden, überlegen Sie sich bitte, wen Sie in Ihrer Verwandtschaft, Bekanntschaft oder auch an Ihrer Arbeitsstelle als guten Netzwerker oder Netzwerkerin bezeichnen würden. Wenn Sie mindestens eine solche Person ausfindig gemacht haben, prüfen Sie, wie das Testergebnis für diese Person aussehen würde. Ich bin sicher, dass die „Jas" überwiegen werden. Somit haben Sie ein konkretes Modell, das Sie als Orientierungshilfe für ihre eigene persönliche Weiterentwicklung betrachten sollten.

Netzwerk-Vorteile sinnvoll ausschöpfen

Was Ihnen ein Netzwerk bieten kann 22
Prüfen Sie sich: Was bieten Sie einem Netzwerk? 28

Was Ihnen ein Netzwerk bieten kann

Ein Netzwerk kann Ihnen viel, doch nicht alles bieten. Vielleicht müssen Sie auch Mitglied in mehreren Netzwerken sein, damit Ihre Bedürfnisse abgedeckt werden. Oder Sie müssen ein zu Ihnen passendes Netzwerk systematisch aufbauen.

„Nestwärme"

Gerade heute, wo die familiären Bindungen meist nicht mehr so stark sind, sei es, weil die Familienmitglieder „in alle Winde" verstreut wurden oder es nur wenig Sympathie füreinander gibt, fehlt es einem manchmal an zwischenmenschlichen Kontakten. Da Menschen jedoch genetisch bedingt auch einen sozialen Trieb, den „Bindetrieb", besitzen, fühlen sie sich meist in Gemeinschaft wohler als allein.

Eingebundensein in eine Gemeinschaft bietet Sicherheit, Geborgenheit und Schutz. Hier muss man auch nicht immer eine Maske tragen, man kann sich so geben, wie man ist. Nicht nur, dass einem eine Gemeinschaft Hilfe und Förderung bietet, sondern auch anderen helfen zu können, erfüllt die meisten Menschen mit Befriedigung und Freude.

Das alles sollte Grund genug sein, eine entsprechende Gemeinschaft, ein Netzwerk, selbst aufzubauen und zu pflegen. Die eigene seelische Gesundheit wird maßgeblich davon beeinflusst, ob man sich geborgen fühlt.

Hilfe in der Not

In dem Netzwerk, in dem ich Mitglied bin, EWMD, erinnere ich mich an zwei Beispiele, in denen Mitgliedern in außerordentlicher Weise geholfen wurde.

Vor einigen Jahren starb ein EWMD-Mitglied, Ina Schmidt-Jörg, an Brustkrebs. Das war für alle, die sie kannten, ein herber Schock. Doch da sie ein sehr engagiertes und beliebtes Mitglied war, nahmen alle an ihrem Schicksal großen Anteil. Während ihrer Leidenszeit war sie selten allein, weil sich die Netzwerk-Mitglieder abwechselnd um sie kümmerten.

Einem anderen Mitglied wurde finanziell geholfen, da es ohne eigenes Verschulden den Arbeitsplatz verlor und deshalb die laufenden Verpflichtungen bis zur Aufnahme einer neuen Arbeitsstelle nicht voll bezahlen konnte.

Denken Sie an die Sicherheit heutiger Arbeitsplätze. Können Sie wirklich davon ausgehen, dass Sie Ihren Arbeitsplatz so lange behalten können, wie Sie wollen? Selbst wenn Sie Beamtenstatus haben, finden sich auch hier Möglichkeiten, Sie loszuwerden. Und wenn es legal nicht geht, wird es oft mit Psychoterror oder Mobbing versucht. Falls Sie einmal Ihren Arbeitsplatz verlieren sollten, zeigt es sich, ob Sie auf ein funktionierendes Netzwerk bauen können. Denn Ihre Chancen, einen neuen Arbeitsplatz zu finden, sind viel größer, wenn Sie jede Menge Freunde haben, die wiederum jede Menge Freunde haben.

Altersvorsorge

Netzwerken bietet in gewisser Hinsicht eine Altersvorsorge. Die meisten Menschen werden heute sehr alt. Und einsam sein im Alter, wer will das schon? Deshalb lohnt es sich bereits in jungen Jahren, ein Netzwerk aufzubauen, das Ihnen dann auch zum Teil die Familie ersetzen kann.

> **Praxis-Tipp:**
>
> Legen Sie deshalb dieses Buch für eine Stunde beiseite, stehen Sie auf und rufen Sie sofort drei Menschen an, die Sie ohnehin schon seit Langem anrufen wollten. Drücken Sie sich nicht davor mit der Bemerkung: „Die sind jetzt sicher nicht zu erreichen!" Das mag sein, doch in diesem Fall können Sie immer noch eine freundliche Nachricht auf dem Anrufbeantworter hinterlassen, eine E-Mail senden oder auf XING, bei Facebook und Co. nach diesen Personen suchen und mit ihnen in Kontakt treten.

Netzwerk-Vorteile sinnvoll ausschöpfen

„Wissensspeicher" und Hintergrundinformationen

Ein Netzwerk bietet Ihnen vor allem – ähnlich wie Wikipedia oder ein Lexikon – jede Menge Wissen. Und genauso, wie Sie im Lexikon oder im Internet (z. B. bei Google) nach bestimmten Informationen suchen, so sollten Sie auch wissen, wer von den Netzwerkmitgliedern über welches Wissen verfügt. Oder um es anders zu sagen: Es ist nicht so wichtig, was man weiß, man muss nur wissen, wo man recherchieren oder wen man fragen kann.

Zu den Informationen, die Ihnen beim Konktakteknüpfen helfen, gehören Hintergrundinformationen über bestimmte Personen. Hier helfen Ihnen außer denjenigen Menschen, die Sie persönlich kennen und auch fragen können, die Online-Netzwerke. Dort erfahren mehr oder weniger auch über deren persönliche Interessen. Stellen Sie sich vor, Sie haben sich bei der Firma Vento beworben und erhalten jetzt die Einladung zu einem Vorstellungsgespräch. Da ist es sinnvoll, sich im Internet über die Firma und die leitenden Angestellten zu informieren. So können Sie sich gezielter auf das Bewerbungsgespräch vorbereiten.

Angenommen Sie sind Mitglied in einem Reitclub und entdecken auf Facebook, dass auch der Personalleiter gern reitet, dann könnten Sie das in Ihrem Gespräch einfließen lassen. Vielleicht hat er sich umgekehrt auch über Sie auf Facebook informiert und zum Bewerbungsgespräch eingeladen, weil er es interessant und sympathisch fand, dass auch Sie reiten.

In einem Netzwerk finden Sie „Türöffner"

Als „Türöffner" bezeichnet man Personen, die Zugang haben zu hochgestellten und einflussreichen oder auch berühmten Persönlichkeiten. Alle, die im „Dunstkreis" einer solchen Persönlichkeit stehen, können Ihnen den Zugang ermöglichen oder zumindest erleichtern. Und wenn es in Ihrem Netzwerk keinen geben sollte, der Ihnen als „Türöffner" behilflich ist, so haben alle Netzwerkmitglieder wieder Verwandte, Freunde und Bekannte, die Ihnen eventuell weiterhelfen können. Und so erweitert sich Ihr Netzwerk und es besteht eine große Wahrscheinlichkeit, dass Sie einen „Türöffner" finden werden. Doch denken Sie daran, sich in irgendeiner Form zu revanchieren, falls Ihnen jemand einen solchen Zugang verschafft.

Was Ihnen ein Netzwerk bieten kann

In einem Netzwerk können Sie Empfehlungen bekommen

Eine Referenz ist etwas, was nicht mit Geld aufzuwiegen ist. Doch empfohlen wird nur, wer wirklich Empfehlenswertes bietet! Denn mit jeder Empfehlung steht auch Ihr Ruf auf dem Spiel: Eine Trainerkollegin hatte schon einige sehr erfolgreiche Seminare für ein Unternehmen durchgeführt, als sie der Geschäftsführer um eine Empfehlung bat. Er wollte seinen Mitarbeitern an einem Jubiläum etwas Spektakuläres und Eindrucksvolles bieten. Deshalb bat er die Trainerin um eine Empfehlung. Diese empfahl ihm einen Trainer, dessen Spezialität die Durchführung des Feuerlaufes ist. Er war ganz begeistert und freute sich auf diesen Tag. Doch als sich der Geschäftsführer, seine Ehefrau, der Trainer und ein Teilnehmer beim Feuerlauf leichte Brandverletzungen zuzogen, bekam nicht nur der besagte Trainer keinen Auftrag mehr von diesem Unternehmen, sondern sie auch nicht!

Erleichtert die Suche nach Dienstleistungen, die auf Vertrauen basieren

Stellen Sie sich vor, Sie würden in eine andere Stadt ziehen, in der Sie keinen Menschen kennen. Wenn Sie jetzt auf ein funktionierendes Netzwerk zurückgreifen können, verliert der Umzug bald an Schrecken. Denn irgendjemand in Ihrem Netzwerk kennt sicher ein empfehlenswertes Umzugsunternehmen.

Beispiele:

- Bei meinem letzten Umzug schaute ich in den „Gelben Seiten" nach, doch angesichts der Vielzahl von Unternehmen wurde ich sehr unsicher: Wer würde den Umzug zuverlässig und preiswert durchführen? Also rief ich ein paar Freundinnen an, und eine empfahl mir einen Spediteur, mit dem dann wirklich alles „wie am Schnürchen" lief. Zudem waren die Möbler äußerst freundlich und sorgfältig. Alle Möbel und Regale waren bereits am nächsten Abend dort aufgestellt, wo ich sie haben wollte, das Licht funktionierte und auch die Küche inklusive Einbaugeräten war installiert.

Netzwerk-Vorteile sinnvoll ausschöpfen

- Weniger Glück hatten wir mit einem Arzt, den meine Tochter kurze Zeit später benötigte und den ich mangels Empfehlung aus dem Branchenbuch heraussuchte. Er war eine mittlere Katastrophe. Und als wir das nächste Mal einen Zahnarzt benötigten, erkundigte ich mich lieber im Gemüseladen, in dem man mich schon kannte. Und siehe da, den empfohlenen Zahnarzt empfand ich als kompetent und empfehle ihn auch gern weiter. Es lohnt sich, Rat bei Bekannten einzuholen, anstatt jemand aus dem Branchenbuch zu nehmen.

Praxis-Tipp:

- Gerade bei Ärzten, Rechtsanwälten und Steuerberatern können Sie gar nicht sorgfältig genug recherchieren. Denn es geht zum einen um Ihre Gesundheit, vielleicht auch einmal um Ihr Leben. Bei Rechtsanwälten und Steuerberatern steht meistens eine Menge Geld auf dem Spiel, wenn nicht gar Ihre gesamte Existenz.

- Buchen Sie auch nach Möglichkeit nie nur aufgrund einer Anzeige ein Seminar, sondern erkundigen Sie sich vorher, wer die Trainerin oder den Trainer empfehlen kann oder sogar schon ein entsprechendes Seminar bei ihr oder ihm besucht hat.

Aktive Nachbarschaftshilfe

Nachbarn können Ihnen also in vielfältiger Weise behilflich sein und Sie umgekehrt auch. Trotzdem ist Nachbarschaftshilfe sehr stark aus der Mode gekommen. Auch ich fühle mich hier ertappt, weil ich zu meinen Nachbarn eher ein distanziertes Verhältnis habe. Natürlich habe ich besonders darüber nachgedacht, als ich dieses Buch schrieb, warum das so ist. Viele, die ich darauf ansprach, bestätigten mir, dass auch sie zu ihren Nachbarn auf Abstand leben. Es ist wohl ein allgemeines Phänomen. Eine plausible Erklärung scheint zu sein, dass man sich – im Gegensatz zu früher – vielfach selbst helfen kann. Ich muss eben meine Nachbarin nicht darum bitten, mir mit Kaffee auszuhelfen, wenn sich überraschend Besuch angesagt hat. Ich kann ihn nämlich bei der Tankstelle kaufen. Man muss sich auch nicht mehr reihum um eine bettlägrige Nachbarin kümmern. Dafür gibt es heute soziale Dienste und „Essen auf Rädern".

Wo die Nachbarschaftshilfe heute allerdings besser funktioniert als früher, ist bei der Kinderbetreuung. Ich kann mich noch gut daran erinnern, dass ich mich bei meiner jüngsten Tochter darüber wunderte, dass jede Mutter ihr Kind immer allein zum Kindergarten brachte und wieder abholte, anstatt sich mit anderen Müttern zusammenzuschließen. Allerdings höre ich heute von meiner ältesten Tochter sehr oft von gegenseitiger Hilfe der Mütter untereinander. Vielleicht hängt es auch mit der Notwendigkeit zusammen, sich zu unterstützen, weil heute einfach noch viel mehr Mütter mit kleinen Kindern berufstätig sind als früher.

Die Schlussfolgerung lautet: Überall dort, wo sich Menschen gegenseitig brauchen, funktioniert die Nachbarschaftshilfe, ansonsten schläft sie ein. Wenn Sie das stört, ergreifen Sie hier doch einfach mal die Initiative und initiieren Sie ein Nachbarschaftsfest. Vielleicht fehlt nur jemand wie Sie, der den Startschuss gibt, und alle sind glücklich, wenn einmal der erste Schritt getan wurde.

Netzwerker empfehlen sich gegenseitig

Es ist egal, was Sie benötigen – sei es eine Waschmaschine, eine Software für eine Kundendatenbank, einen Rechtsanwalt oder eine Putzfrau –, uns fehlen oft Entscheidungskriterien, weil uns Informationen fehlen. Deshalb ist es wichtig, Personen zu kennen, die uns jemanden empfehlen können, oder im eigenen Netzwerk jemanden zu haben, dem Sie vertrauen können.

Beobachten Sie einmal, wie Sie aufgrund der Unüberschaubarkeit des Marktes Entscheidungen für den Kauf eines Produktes oder einer Dienstleistung fällen. Nehmen wir an, Sie sind gebeten worden, für einen Kollegen einen Kräuterlikör zum Geburtstag zu kaufen. Sie selbst mögen keinen Kräuterlikör. Sie werden

Netzwerk-Vorteile sinnvoll ausschöpfen

garantiert eine der drei folgenden Möglichkeiten wählen, vermutlich die dritte.

- Sie orientieren sich am Bekanntheitsgrad: Also kaufen Sie einen „Jägermeister", weil Ihnen der von der Werbung bekannt ist.

- Sie fällen eine gefühlsmäßige Entscheidung, eine Entscheidung „aus dem Bauch heraus", und nehmen das Produkt, das Ihnen ins Auge springt, vielleicht, weil Ihnen das Etikett so gut gefällt.

- Sie kaufen den Likör, der Ihnen von jemandem empfohlen wurde: „Nimm den, der … schmeckt gut, den trinkt er bestimmt gern."

In einem Netzwerk finden Sie Mentoren und Mentees

Mentoren sind Menschen, die andere, meist jüngere oder unerfahrenere, gezielt fördern, nicht aus reiner Menschenliebe, denn sie haben durchaus unterschiedlichen Nutzen davon. Mentées ist der Ausdruck für die, die gefördert werden. Mehr zum Thema finden Sie „Mentoring" finden Sie im Download, der Ihnen am Ende des Buches zur Verfügung steht.

Prüfen Sie sich: Was bieten Sie einem Netzwerk?

Da Netzwerken immer auf der Basis des Gebens und Nehmens funktioniert, sind sogenannte Trittbrettfahrer unbeliebt und können sich erfahrungsgemäß nicht lange in einem Netzwerk halten. Deshalb ist es ganz wichtig, sich zu überlegen, was Sie speziell einem Netzwerk bieten können. Sie werden erstaunt sein, was Ihnen nach einiger Zeit der Überlegung alles einfällt. Und wenn Sie meinen: „Das wär's", werden Sie feststellen, anderen fällt da sicher noch etwas ein, was Sie übersehen haben oder was Ihnen nicht wert erschien, genannt zu werden.

Prüfen Sie sich: Was bieten Sie einem Netzwerk?

Was können Sie besser als andere, was loben andere an Ihnen?

Ihr Expertenwissen ist gefragt

Überall braucht man Expertinnen und Experten. Auch Sie kennen sich auf irgendeinem Gebiet besser aus als andere. Doch wer weiß davon? Nur wenige? Dann sollten Sie dies schnell ändern. Überprüfen Sie anhand der folgenden Checkliste, ob Sie nicht Spezialkenntnisse haben oder bereit wären, sie zu erwerben, um sie an andere weiterzugeben.

Checkliste: Ihre beruflichen Fähigkeiten

- Als Werbegrafikerin/Webdesignerin könnten Sie Freunden und Bekannten helfen, Einladungen zu Festen liebevoll anzufertigen oder deren Homepage gestalten.

- Als Ingenieur verfügen Sie sicher über ein gewisses technisches Verständnis und können helfen, wenn jemand technische Probleme hat.

- Wenn Sie in einer Bank arbeiten, können Sie garantiert Tipps geben bezüglich Krediten oder Geldanlagen oder auch nur, wie man Kontogebühren spart.

- Besonders gefragt sind heute Menschen mit PC- und Softwarekenntnissen.

- Selbst wenn Sie meinen, Ihre beruflichen Kenntnisse seien zu speziell, so gibt es in jedem Beruf etwas, was hilfreich sein kann für andere außerhalb Ihres Berufsfeldes. So kann eine Controllerin aus der Rechnungsabteilung jemandem durchaus beim Abfassen eines Mahnschreibens helfen.

Auch Hobbys und persönliche Interessen zählen!

Viele Möglichkeiten, sich Spezialkenntnisse zu erwerben, bieten auch Hobbys oder persönliche Interessen. Nur müssen Sie dafür sorgen, dass Ihr Hobby auch bekannt wird. Wenn Sie etwa gern und auch ganz gut Klavier spielen, so heißt das nicht automatisch, dass Sie jetzt bei irgendwelchen Anlässen Klavier spielen sollten.

Netzwerk-Vorteile sinnvoll ausschöpfen

Es kann auch sein, dass jemand einen Rat möchte, worauf er bei der Suche nach Klavierunterricht für seine Tochter achten sollte.

Checkliste: Hobbys und persönliche Interessen

- **Häusliche Interessen:** Gärtnern, gesunde Ernährung, Weinkenner, Kochen, Backen, Krimis, ...
- **Kulturelle Interessen:** Opernfan, Kunstausstellungen, historische Kenntnisse, Sammler von Antiquitäten, Lesen von Spezialliteratur, Kenner von Szene-Kneipen, ...
- **Sportliche Interessen:** Ski fahren, Mountainbiken, Segeln, Joggen, ...
- **Handwerkliche Interessen:** Hobby-Heimwerken, Restaurieren alter Möbel, Fahrradreparatur, ...
- **Sonstige Interessen:** Autokenner, Flohmarktbesucher, ...

Selbst wenn Sie als Expertin oder Experte gefragt sind, vermeiden Sie es, andere zu belehren. Meine jüngste Tochter hat mit 13 Jahren einmal zu mir gesagt, als ich wohl einen entsprechenden Versuch unternahm: „Mama, die Menschen von heute wollen nicht belehrt werden, sie wollen etwas lernen."

Praxis-Tipp:

- Bieten Sie Netzwerkpartnern die Chance, etwas zu lernen, indem Sie sie partnerschaftlich behandeln und sich nicht erhaben fühlen über andere, nur weil Sie auf einem Gebiet mehr als andere wissen.
- Darüber hinaus sollten Ihre Netzwerkpartner spüren, dass Ihnen daran liegt, sie erfolgreich zu machen.
- Und wenn Sie wissen, was für Sie dabei herausspringt, dann erinnere ich Sie an eine alte PR-Weisheit: „Tue Gutes und rede darüber." Das heißt, machen Sie es in angemessener Weise publik, wenn Sie etwas für andere getan haben.

Sie als Mensch sind gefragt

Neben dem Expertenwissen sind in einem Netzwerk Menschen gefragt, die mit dem Herzen dabei sind. Wenn Sie sich fragen, warum man einem Menschen manchmal etwas Gutes tut, fällt einem oft spontan als Begründung ein: „Weil er so ein netter Mensch ist." Und selbst wenn Sie dieser „nette" Mensch nicht von Haus aus sind, werden Sie feststellen, dass Sie sich dazu erziehen können. Es gehört allerdings eine gewisse Selbstdisziplin dazu, und manchmal muss man auch seine eigene Faulheit und Bequemlichkeit überwinden, um für andere da zu sein.

Die richtige Einstellung zu anderen Menschen lautet: Ich bin okay. Du bist okay. Zusammen sind wir phantastisch.

Das klingt plausibel. Ich kann Ihnen jedoch versichern, dass man leider sehr oft sein Selbstwertgefühl auf Kosten anderer poliert, um sich selbst okay zu fühlen. Deshalb ist es eine wirkliche Herausforderung, diese Einstellung auch zu leben.

Beispiel:
Von einer amerikanischen Trainerin bekam ich den netten Tipp, jeden Menschen so zu behandeln, als hätte er einen Heiligenschein um sein Haupt. Das heißt, volle Konzentration auf diesen Menschen und das, was er sagt. Um Ihr Zuhören zu intensivieren: Stellen Sie sich vor, Sie müssten jeweils alles, was diese Person Ihnen sagt, wiederholen. So werden Sie genauer hinhören und tatsächlich auch hin und wieder etwas von dem Gehörten aufgreifen und darauf eingehen. So werden aus Monologen Dialoge (mehr dazu ab Seite 60).

Netzwerk-Vorteile sinnvoll ausschöpfen

Checkliste: Ihre persönlichen Eigenschaften

- Kreuzen Sie die Eigenschaften an, die Sie sich zuschreiben, und ergänzen Sie gegebenenfalls die Liste, da sie keinen Anspruch auf Vollständigkeit erhebt. Überlegen Sie sich, welchen Nutzen Sie mit Ihren Fähigkeiten anderen Menschen bieten können.

Eigenschaft/Fähigkeit:	Nutzen für andere:
Ich erzähle gern Witze.	Ich bringe andere zum Lachen.
Ich verbreite gute Laune.	Andere fühlen sich wohl.
Ich rede gern.	Andere brauchen selbst wenig zu reden.
Ich höre gern zu.	Andere freuen sich, wenn sie jemanden zum Zuhören finden.
Ich helfe gern.	Andere brauchen manchmal Hilfe.
....	....
....	....

Achtung: Als liebenswürdiger Mensch sind Sie immer gefährdet, von anderen ausgenutzt zu werden. Deshalb gehört bei aller Hilfsbereitschaft auch die Fähigkeit dazu, Grenzen zu setzen und das heißt, „Nein" zu sagen, wenn es eindeutig zu Ihren Lasten geht.

Gerade hilfsbereite Menschen haben oft ein Problem mit dem Nein-Sagen; sie befürchten, andere Menschen sind Ihnen dann böse. Wenn Sie den Eindruck haben, dass Sie wieder einmal ausgenutzt werden, hilft Ihnen das folgende Schema. Die Schritte eins bis vier führen dazu, dass Sie „Nein" sagen und sich nicht aus Rücksichtnahme wieder breitschlagen lassen und etwas übernehmen, was Sie nicht übernehmen möchten. Der fünfte Schritt ist nur bei hartnäckigen Menschen notwendig.

1. Zuhören, Interesse und Verständnis für die Bitte zeigen: „Ich verstehe Sie, dass Sie mich bitten ..."

2. Dann sofort „Nein" sagen, damit keine falschen Hoffnungen geweckt werden.

Prüfen Sie sich: Was bieten Sie einem Netzwerk?

3. Gründe angeben, um die ablehnende Haltung verständlich zu machen.
4. Wenn möglich, Alternativen anbieten, um das erwiesene Vertrauen zu rechtfertigen.
5. Anderes Thema anschneiden: „Frau Sch., wie geht's denn …"

Achtung: Wenn Sie Gründe angeben, dann sollten es wirklich nur Gründe sein, die sich nicht oder nur schwer entkräften lassen. Wenn eine Freundin Sie beispielsweise bittet, ihr heute Ihr Auto zu leihen, dann ist das ein überzeugender Grund, wenn Sie sagen können, dass Ihr Auto gerade heute in der Werkstatt steht. Sagen Sie jedoch, dass Sie mit dem Verleihen des Autos schon schlechte Erfahrungen gemacht haben, dann wird Ihnen garantiert hoch und heilig versichert, dass Ihnen das mit ihr natürlich nicht passieren wird. Deshalb ist es manchmal besser, wenn Sie gar keinen Grund angeben, sondern lediglich sagen, „Das geht leider nicht" und dann im Anschluss eine Alternative anbieten, indem Sie ihr einen Autovermieter empfehlen, mit dem Sie bereits gute Erfahrungen gemacht haben.

Testen Sie sich: Sind Sie ein Netzwerk-Typ?

Schädliche Einstellungen und wie Sie sie überwinden 36
Auf diese Eigenschaften kommt es an! 38
Womit Sie sich bei anderen beliebt machen 50

Schädliche Einstellungen und wie Sie sie überwinden

Wenn Sie bisher stolz darauf waren, es alleine zu einem gewissen Lebens- und Berufserfolg geschafft zu haben, so behaupte ich, dass das erstens nicht stimmt und zweitens wären Sie garantiert noch viel weiter gekommen, wenn Sie Netzwerken als Lebenseinstellung praktiziert hätten. Versuchen Sie herauszufinden, was erfolgreichen Menschen zu ihrem Erfolg verholfen hat. Falls Sie jemanden kennen, den Sie in dieser Hinsicht bewundern, sollten Sie ihn bei nächster Gelegenheit danach fragen. In der Regel wird sich diese Person geschmeichelt fühlen und Ihnen gern Auskunft erteilen. Natürlich können Sie sich auch nach persönlichen Kontakten oder Netzwerken erkundigen, die dabei geholfen haben, so erfolgreich zu werden.

Um eine positive Einstellung zum Netzwerken aufzubauen und auch zu leben, hilft Ihnen sicher auch das Buch „Like" von Petra Polk, einer ausgewiesenen und sehr bekannten Netzwerkexpertin. Mehr über sie und ihre Aktivitäten erfahren Sie über XING: https://www.xing.com/profile/Petra_Polk.

Damit auch Sie eine positive Einstellung zum Netzwerken erwerben, sollten Sie prüfen, was Sie dabei noch hindert. Denn erst, wenn Sie diese eher negative Einstellung durch eine andere ersetzen, werden Sie Gefallen am Netzwerken finden und so Ihren beruflichen und persönlichen Erfolg steigern können.

Früher rümpfte ich oft die Nase, wenn es hieß, na ja, der hat den Job nur bekommen, weil er Beziehungen hatte oder weil ihn jemand protegiert hat. Das hieß für mich, diese Person hat es offensichtlich nötig, gefördert zu werden, weil die Leistung unzureichend ist. Doch das Gegenteil ist der Fall! Denn wenn ich zum Beispiel jemanden fördere, steht mein Image mit auf dem Spiel, und wenn ich jemanden empfehle, der nicht die erwartete Leistung bringt, schneide ich mir damit ins eigene Fleisch! Wenn Sie es also einmal aus dieser Perspektive betrachten, ist es überhaupt nicht ehrenrührig, sich fördern zu lassen. Nehmen Sie es stattdessen als Beweis, dass Sie es wert sind, empfohlen zu werden!

Schädliche Einstellungen und wie Sie sie überwinden

Eigenlob stinkt nicht!

Damit andere Sie empfehlen können, müssen Sie dafür sorgen, dass man Ihre Leistung kennt und schätzt. Deshalb werfen Sie die Einstellung „Eigenlob stinkt" ganz schnell über Bord. Sie müssen vor allem dann auf Ihre Leistung aufmerksam machen, wenn sie für andere nicht sichtbar ist.

„Was nicht gesehen wird, ist fast so, als ob es nicht da wäre."

Schopenhauer

Wenn Sie etwa als PC-Freak Websites gestalten, dann kann man den Schwierigkeitsgrad erst erkennen, wenn man Ihnen bei der Arbeit über die Schulter schaut. Da müssen Sie sich nicht selbst loben, denn man wird schon beim Zuschauen von Ihren Fähigkeiten tief beeindruckt sein. Bleiben Sie bei der Arbeit unbeobachtet, müssen Sie darüber berichten und die einzelnen Schritte kommentieren, um Vorwürfen vorzubeugen, wie etwa: „Was, so lange hat das gedauert, was war denn da los?"

Wichtig: Geben Sie anderen Menschen die Chance, Sie zu fördern, indem Sie zeigen, worin Sie fit sind. Werfen Sie auch die folgenden Einstellungen über Bord. Für die Umprogrammierung biete ich Ihnen neue Formulierungen an, die Sie selbstverständlich abwandeln können, damit Sie sich mit den neuen Aussagen identifizieren.

- Statt: „So etwas habe ich nicht nötig", sagen Sie sich: „Ich bin es wert, gefördert zu werden."

- Ich muss mich nicht anpreisen wie „Sauerbier". – Das stimmt, doch auf die eigene Leistung aufmerksam zu machen, ist noch lange kein „Anpreisen".

- „So etwas ist mir peinlich." Warum denn? Sind Sie nicht stolz auf Ihre Leistung? Sie nützen doch auch anderen, wenn diese informiert sind, auf welchem Gebiet Sie sich auskennen.

- Statt: „Was sollen denn die anderen von mir denken?", sagen Sie von nun ab: „Nur wer seinen eigenen Weg geht, kann von niemand überholt werden." Denn wenn Sie sich daran orientieren, was andere von Ihnen denken könnten, leben Sie ein fremdbestimmtes Leben und nicht Ihr eigenes.

Testen Sie sich: Sind Sie ein Netzwerk-Typ?

- „Ich hasse profilierungssüchtige Menschen." Da stimme ich Ihnen zu. Doch um hier das richtige Maß zu finden, müssen Sie üben, sich und Ihre Leistung angemessen darzustellen.

- „Ich mag mich nicht anbiedern!" Vielleicht hilft es Ihnen, sich vorzustellen, was denn die andere Person für einen Nutzen hat, wenn sie Sie fördert. Da oft dieser Doppelnutzen vorhanden ist – und sei es nur, dass sich die andere Person gut fühlt –, wäre es doch ausgesprochen schade, jemandem nicht die Chance zu geben, Sie zu unterstützen.

> **Praxis-Tipp:**
> „Netzwerken" beruht auf dem Gegenseitigkeitsprinzip. Deshalb müssen Sie kein schlechtes Gewissen haben, wenn Sie jemanden um Förderung oder Empfehlung angehen. Überlegen Sie sich lieber, welchen Nutzen Sie der anderen Person bieten können, wenn sie Sie fördert.

Auf diese Eigenschaften kommt es an!

Um eine erfolgreiche Netzwerkerin oder Netzwerker zu werden, brauchen Sie folgende Eigenschaften, die sich entwickeln lassen.

Kommunikationsfreude

Sie kennen sicher auch mundfaule Leute, die darauf sogar noch stolz sind, dass sie wenig reden. Neulich hatte ich ein Seminar mit Software-Entwicklern. Als ich auf eine strittige Frage von einem bestimmten Teilnehmer mehr als nur eine kurze Antwort haben wollte, tönte es fast im Chor von den anderen: „Der redet nie viel!" Ich fragte dann, ob das stimmen würde. Worauf er grinste und meinte: „Ja, das stimmt." – Was für Vorteile bietet ein solches Verhalten?

Auf diese Eigenschaften kommt es an!

- Man kann nichts Falsches sagen.
- Man hüllt sich in Schweigen, um so den Schein des Wissenden, der aus Weisheit schweigt, zu erzeugen.
- Man kann andere nicht durch Worte verletzen.

Doch die Nachteile überwiegen, denn Schweigen ist sehr vieldeutig. Es kann Zustimmung bedeuten oder genau das Gegenteil, nämlich Ablehnung. Schweigen kann außerdem bedeuten:

- Angst, die andere Person könnte beleidigt sein
- Angst, etwas Dummes zu sagen
- Angst, einen Streit heraufzubeschwören
- Resignation und Verzicht auf Widerspruch
- kein Gegenargument zu haben
- Angst, für dumm gehalten zu werden, wenn man nachfragt
- Desinteresse

Wenn man sich das einmal klargemacht hat, wie viele Möglichkeiten eine andere Person hat, um Schweigen zu deuten, dann ist es doch sicher in Ihrem Interesse, wenn Sie sagen, was es wirklich zu bedeuten hat.

Schweigen Menschen jedoch aus Schüchternheit und mangelndem Selbstwertgefühl, ist es für mich immer wieder erfreulich, die Entwicklung eines solchen Menschen mitzuverfolgen.

Beispiel:

Ich erinnere mich an eine etwa 35-jährige, alleinstehende Frau, die seit vielen Jahren in einem kleinen Unternehmen arbeitete. Sie war die einzige Frau dort und hatte niemanden, mit dem sie sich am Arbeitsplatz austauschen konnte. Dadurch wurde sie immer unsicherer im Umgang mit anderen Menschen. Als sie dies erkannte, trat sie einem örtlichen Frauennetzwerk bei. Als ich für dieses Frauennetzwerk ein Kommunikationsseminar durchführte, traute sie sich kaum etwas zu sagen. Ein halbes Jahr später beim Rhetorikseminar war sie schon wesentlich lockerer. Beim letzten Seminar, einem Präsentationstraining, wurde sie jedoch wieder von ihren Ängsten eingeholt und behauptete steif und fest, sie wüsste nicht, über welches Thema sie einen zehnminütigen Vortrag halten könnte. Schließlich fand sie eines: Sie war vor einem Jahr für fünf Wochen allein als Rucksacktouristin in Thailand gewesen. Ihr Vortrag kam so gut bei den anderen Frauen an, dass sie sofort von einem Netzwerkmitglied gefragt wurde, ob sie darüber nicht einen längeren Vortrag halten und ihre Bilder präsentieren könnte. Nach einigem Zögern sagte sie zu. Wie ich von anderen hörte, war ihr Vortrag ein Erfolg, und von diesem Zeitpunkt an war sie voll in das Netzwerk integriert.

4 Hilfsbereitschaft

Hilfsbereitschaft ist eine Eigenschaft, die eher Frauen als Männern zugesprochen wird. Was Frauen jedoch lernen müssen, ist, darauf zu schauen, dass sie sich vor lauter Hilfsbereitschaft nicht „aufopfern". Schauen Sie deshalb als Frau genau hin, was für Sie dabei herausspringt. Ich habe allerdings auch Frauen kennengelernt, die bei einer Frauenorganisation auftauchten und enttäuscht waren, dass sie nicht gleich ein paar Aufträge an Land zogen. Warum funktionierte das nicht? Empfehlungen bauen auf Vertrauen auf, und der Aufbau von Vertrauen braucht Zeit!

Es gibt eine Formulierung, die Sie sich abgewöhnen sollten, falls Sie sie verwenden: „Da kann ich Ihnen leider nicht helfen." Damit stellen Sie sich als hilfloser dar, als Sie es tatsächlich sind. Sie können vielleicht in einem bestimmten Moment einer Person nicht das geben, was sie gern hätte, doch in irgendeiner Weise können Sie weiterhelfen.

Sie können

- sie an eine andere Person verweisen, die ihr weiterhelfen kann,
- ihr sagen, wo sie die gewünschte Hilfe bekommt,
- sie trösten,
- ihr zuhören und Verständnis zeigen,
- ihr Alternativen aufzeigen.

Praxis-Tipp:
Bessere Formulierungen sind: „Ich helfe Ihnen gern, wenn Sie mir ...", und jetzt nennen Sie Bedingungen, unter denen Sie helfen könnten. Oder sagen Sie, was Sie konkret für die andere Person tun können: „In unserem Hotel ist leider kein Zimmer mehr frei. Ich rufe jedoch gern für Sie in einem Hotel in der Nähe an, ob dort noch ein Zimmer für Sie zu haben ist."

Teamfähigkeit

Mit „teamfähig" ist gemeint, dass jemand um die Synergieeffekte weiß, die sich in einem gut funktionierenden Team ergeben. Oder wie ich einmal auf einem Plakat in einem Produktionsbereich eines Weltunternehmens in Stuttgart las: „Alleine gut, im Team noch besser." Wenn Sie diese Ansicht teilen, erfüllen Sie eine wichtige Voraussetzung, um sich in einem Netzwerk wohlzufühlen.

Teamfähigkeit heißt jedoch auch, dass Sie kein Fan hierarchischer Strukturen sind. Denn Netzwerke brauchen prinzipiell keine derartige Organisationsform. Natürlich kristallisieren sich auch in einem Netzwerk gewisse hierarchische Strukturen heraus, doch erwachsen diese aus der natürlichen und/oder fachlichen Autorität der jeweiligen Mitglieder.

Freundlichkeit

Deutsche sind im Ausland leider für ihre Unfreundlichkeit bekannt. Ich habe mich dieser Ansicht angeschlossen, als ich von meinem ersten USA-Aufenthalt zurückkam. Es stimmt tatsächlich: Kaum ein Deutscher kommt auf die Idee, einen freundlich anzulächeln, geschweige denn mit einer netten Bemerkung anzusprechen. Stört Sie dies ebenfalls, fangen Sie doch bei sich und Ihrem Verhalten an und gewöhnen Sie sich mehr Freundlichkeit an.

Testen Sie sich: Sind Sie ein Netzwerk-Typ?

> **Praxis-Tipp:**
>
> Legen Sie das Buch für eine Minute beiseite und jetzt lächeln Sie, einfach so, eine Minute lang. Kontrollieren Sie sich mit der Uhr; denn ich garantiere Ihnen, diese eine Minute wird Ihnen verdammt lang vorkommen. Doch verspreche ich Ihnen, dass Sie nach dieser einen Minute besser gelaunt sind!

In Freundlichkeit zu investieren, lohnt sich in jedem Fall! Denn freundliche Menschen leben in einer viel freundlicheren Welt.

Pünktlichkeit

Unpünktlichkeit wird von der Person, die warten muss, oft als Ausdruck der Missachtung interpretiert. Diese Einschätzung ist nicht von der Hand zu weisen, denn je wichtiger einem ein Termin ist, desto mehr bemüht man sich um Pünktlichkeit.

Und dennoch, es gibt Menschen, für die Pünktlichsein ein Problem darstellt, da sie kein Zeitgefühl haben. Andere hingegen scheinen eine „Uhr verschluckt" zu haben, denn sie sind immer pünktlich. Nachdem ich diesen Unterschied zwischen Menschen bemerkt habe, interpretiere ich Unpünktlichkeit nicht mehr automatisch als Missachtung meiner Person. Dennoch bleibt die Forderung bestehen, bei zugesagten Terminen pünktlich zu sein.

> **Praxis-Tipp:**
>
> Falls Sie es einmal wirklich nicht schaffen, können Sie den Schaden in Grenzen halten, wenn Sie die wartende Person per Anruf oder SMS darüber informieren, dass Sie sich verspäten werden.

Neugierde

Neugierde wird manchmal als negative Charaktereigenschaft hingestellt, und als Kind hörten Sie vielleicht auch von Erwachsenen die Ermahnung: „Sei doch nicht so neugierig!" Ich empfehle Ihnen, diese Ermahnung über Bord zu werfen und neugierig zu sein.

Auf diese Eigenschaften kommt es an!

Wodurch zeigt sich diese Neugierde? Von nun ab gibt es keine langweiligen Themen und keine langweiligen Menschen. Es ist nämlich alles interessant, mit was sich Menschen beschäftigen, egal, ob es um die Veränderung des Gerinnungsfaktors des Blutes durch die Einnahme bestimmter Medikamente geht oder um die Gewinnung von Öl aus Ölschiefer. Wenn man solche Themen uninteressant findet, ist das eine vorschnelle Bewertung. Seien Sie stattdessen aufgeschlossen. Dann werden Sie nämlich immer wieder die Erfahrung machen, die ich in meiner 25-jährigen Trainerin-Tätigkeit gemacht habe: Jedes Thema, mit dem man sich intensiv und vorurteilsfrei beschäftigt, ist spannend, also selbst Steuerrecht!

Ausdrucksstarke Körpersprache und Blickkontakt

Lächeln ist das wichtigste körpersprachliche Mittel zur Kontaktaufnahme, denn: Lachen ist ansteckend. Ein gleichzeitiges Kopfnicken signalisiert Ihrem Gegenüber, dass Sie ihm auch wirklich zuhören.

Blickkontakt halten

Durch den Blickkontakt bauen wir Vertrauen zu einem anderen Menschen auf, und bei jemandem, der uns nicht anschaut, denkt man meist, dass er etwas zu verbergen hat und nicht – was häufig ein Grund für fehlenden Blickkontakt ist – an Schüchternheit.

> **Praxis-Tipp:**
>
> Wenn Sie ein Mensch sind, der Probleme mit dem Blickkontakt hat, dann empfehle ich Ihnen, ihn zu üben. Fangen Sie damit bei Menschen Ihres Vertrauens an und bitten Sie diese um ein ehrliches Feedback, ob der Blickkontakt zu lang, zu kurz oder angemessen war. So bekommen Sie ein Gespür dafür, wie lang der Blickkontakt in unserem Kulturkreis sein sollte.
>
> Wenn Sie dies dann auch mit anderen, Ihnen weniger vertrauten Menschen üben, werden Sie feststellen, dass der Blickkontakt wirklich hilft, Vertrauen auf- und auszubauen.

Testen Sie sich: Sind Sie ein Netzwerk-Typ?

Richtige Körperhaltung

Wenn Sie bei Gesprächen im Sitzen oder Stehen sympathisch und offen wirken wollen, nehmen Sie eine offene Armhaltung ein. Das heißt, die Arme sind weder über der Brust überkreuzt noch in Hosen- oder Jackentaschen versteckt. Sie halten die Hände fast nie zusammen, sondern setzen Sie zur Unterstreichung dessen, was Sie sagen wollen, ein. Ihr Gegenüber sieht Ihre Handinnenflächen, was den Eindruck der Offenheit verstärkt.

Wenn Sie sich nun komisch vorkommen, genau diese Art von Gestik bewusst zu praktizieren, wird es Ihnen gekünstelt vorkommen. Ich kann Ihnen allerdings versichern, anderen geht es genauso. Denn alles, was einem nicht bewusst ist – wie etwa die eigene Körpersprache –, kommt einem unnatürlich vor, wenn man es bewusst praktiziert.

Damit Sie das, was bei Ihnen dabei abläuft, besser nachvollziehen können, machen Sie bitte jetzt einen kleinen Test: Nehmen Sie einen Stift in die Hand, mit der sie normalerweise nicht schreiben, und schreiben Sie in Schreibschrift das Wort „Veränderungsprozess".

Wie haben Sie sich dabei gefühlt? Vermutlich wie in der ersten Klasse, denn Sie mussten genau überlegen, wie die Buchstaben selbst geschrieben werden und wie man sie miteinander verbindet. Dieser kleine Test zeigt Ihnen, dass man prinzipiell sein Verhalten ändern kann, dass es jedoch meist zeitaufwendig ist. Deshalb werden Sie auch nach einiger Zeit die offene Gestik, den angemessenen Blickkontakt ebenso wie das Lächeln, so selbstverständlich praktizieren, als ob sie Ihnen in die Wiege gelegt worden wären.

Ihr Distanzgefühl

Im Umgang mit anderen Personen taucht manchmal die Frage auf, wie nah man jemandem kommen soll. Denn wenn jemand dafür kein Gespür hat, ist das im Umgang mit Menschen von Nachteil.

Auf diese Eigenschaften kommt es an!

Die Grundregel lautet: Je vertrauter einem die Person ist, desto näher lässt man sie an sich herankommen und desto näher geht man auch selbst auf diese Person zu. Hierbei gibt es noch einen kleinen Unterschied: Der Abstand zwischen Mann zu Mann ist meist größer als der zwischen Frauen!

> **Praxis-Tipp:**
> Testen Sie nach Möglichkeit mit männlichen und weiblichen Personen, die Ihnen mehr oder weniger vertraut sind, das jeweilige Distanzgefühl. Stehen Sie etwa zwei Meter voneinander entfernt und bewegen Sie sich dann aufeinander zu. Jeder hat das Recht, „Stopp" zu rufen, wenn ihm die andere Person zu nahe kommt. Haben Sie das gleiche Distanzgefühl? Wenn ja, ist Ihr Gefühl nach Nähe bzw. Abstand das gleiche. Wenn nicht, sollten Sie darüber sprechen.

Ihre Haltung bei Größenunterschieden

Größenunterschiede sind bei der Kontaktaufnahme bisweilen ein Problem, wenn sie sehr auffallend sind. Ich hatte während meiner Studienzeit einen sehr kontaktfreudigen und kompetenten Professor. Er war wesentlich kleiner als ich, und das genierte mich damals. Wenn ich bei ihm einen Termin hatte, spielte sich meistens das Gleiche ab: Damit er nicht so sehr zu mir, einer Studentin, aufschauen musste, vergrößerte ich den Abstand zu ihm. Das hatte zur Folge, dass ich irgendwann an der Wand stand oder in einen Sessel plumpste. Die Situation wurde für mich erträglicher, nachdem mir eine andere Studentin klarmachte, dass er mit meiner Größe sicher kein Problem hätte, da er es ja schon sein Leben lang gewohnt sei, zu anderen aufzuschauen. Das leuchtete mir ein. Deshalb wich ich bei den späteren Begegnungen nicht mehr zurück, sondern akzeptierte den Abstand, den er für angemessen hielt.

Testen Sie sich: Sind Sie ein Netzwerk-Typ?

Praxis-Tipp:

- Wenn der Größenunterschied zwischen Ihnen und einer anderen Person sehr groß ist, ist es oft für beide günstiger, wenn man sich bei einem Gespräch hinsetzt.
- Setzen Sie sich jedoch nach Möglichkeit nicht gegenüber. Das erzeugt bisweilen Konfrontation. Sitzen Sie dagegen über Eck, so ist Augenkontakt leicht möglich, allerdings kann man auch einmal woanders hinschauen, ohne dass es das Gegenüber als unhöflich empfindet. Vorteil des Übereck-Sitzens ist auch, dass man gemeinsam Unterlagen betrachten kann.

Körperberührungen

Berührungen im beruflichen Umfeld sind in Deutschland außer dem Händeschütteln verpönt. Auch dabei kann man Fehler machen, etwa wenn Sie die Hand der anderen Person zu fest oder zu lasch drücken, sie mehrfach schütteln oder die Hand mit zwei Händen umklammern. In meinen Seminaren zum Thema „Kontakte knüpfen" übe ich den angemessenen Händedruck mit den Teilnehmern. Sicherheitshalber bitten Sie Bekannte und Freunde, Ihnen ein Feedback zu geben, ob Ihr Händedruck angenehm ist.

Es ist auch suspekt, wenn – während man gemeinsam an einem Tisch sitzt – eine Person der anderen die Hand auf den Handrücken oder Unterarm legt, um sie zu bestätigen oder auch zu unterbrechen. Das meist als jovial angesehene Schulterklopfen ist nur in Ausnahmefällen angebracht, denn diese Gesten werden oft von der so behandelten Person als Machtausübung interpretiert, insbesondere, wenn es unangemessen ist, die andere Person ebenso zu behandeln. Oder würden Sie Ihrem Chef zum Ausdrucks eines Lobes auf die Schulter klopfen? Wohl kaum, und deshalb sollten auch Sie, sofern Sie Führungskraft sind, auf diese Gesten verzichten.

Positiv denken und handeln

Mit wem sind Sie lieber zusammen: Mit einem Menschen, der griesgrämig ist und alles negativ sieht, oder einem Menschen, der Optimismus und Energie ausstrahlt? Vermutlich mit Letzterem. Deshalb wird es Sie nicht überraschen, wenn Untersuchungen bestätigen, dass bei den amerikanischen Präsidentschaftswahlen bis auf wenige Ausnahmen immer der Kandidat gewählt wurde, der Optimismus ausstrahlte.[4] Optimisten sind beliebter. Sie strahlen Hoffnung aus und machen Mut.

Streichen Sie deshalb alle Miesmacher- und Killerphrasen aus Ihrem Sprachschatz und ersetzen Sie sie durch Fragen:

- Statt: „Das haben wir noch nie so gemacht!", sagen Sie: „Was gibt Ihnen die Sicherheit, dass Ihr System funktionieren wird?"
- Statt: „Das kostet viel zu viel!", sagen Sie: „Bitte erläutern Sie mir, wie Sie auf diesen Preis kommen."
- Statt: „Das geht so nicht!", sagen Sie: „Wieso meinen Sie, dass wir mit Ihrer Vorrichtung weniger Ausschuss produzieren werden?"

> **Praxis-Tipp:**
> Sie können sich einen schwungvollen und Optimismus ausstrahlenden Schreibstil angewöhnen, wenn Sie Ihre schriftlichen Texte und Briefe daraufhin überprüfen und ändern. Wenn Sie dafür ein Gespür entwickelt haben, können Sie diese positive Art auch auf Ihren Sprechstil übertragen.[5]

Gutes Namensgedächtnis

Sich Namen merken zu können ist im Zusammenhang mit Netzwerken eine fast unverzichtbare Voraussetzung. Wie vieles andere, lässt sich auch unser Gedächtnis trainieren, wenn man dies ernsthaft in Angriff nimmt. Leute, die jammern: „Oh, ich kann mir Namen so schlecht merken", sind in meinen Augen nur ein wenig faul oder desinteressiert, sich damit zu beschäftigen, wie

---

[4] Seligman, Martin: Pessimisten küsst man nicht. Optimismus kann man lernen.
[5] Mehr dazu auf der Audio-CD von Gudrun Fey: Sag's positiv. Mit Power Talking zum Erfolg.

Testen Sie sich: Sind Sie ein Netzwerk-Typ?

sie ihre Merkfähigkeit erhöhen können. Mir fiel nämlich auf, dass diese Leute Namen sofort speichern, wenn die dazugehörige Person für die berufliche Karriere wichtig ist oder als möglicher Auftraggeber infrage kommt oder Emotionen auslöst, wie: „Oh, ist das eine tolle Frau", oder: „Welch attraktiver Mann!" Das heißt also, ob man sich Namen merkt, hängt damit zusammen, ob diese Menschen für uns wichtig sind oder uns im positiven wie im negativen Sinn emotional ansprechen.

Aus dieser Erkenntnis heraus muss man die eigene Einstellung ändern in: Fortan ist jeder Mensch inklusive Namen für mich wichtig. Hören Sie gut zu, wenn jemand seinen Namen nennt, und registrieren Sie diesen bewusst. Lassen Sie sich den Namen buchstabieren oder aufschreiben, damit Sie ihn auch richtig aussprechen oder schreiben. Interesse am Namen einer anderen Person signalisieren Sie, indem Sie nach dem Ursprung oder der Bedeutung des Namens fragen. Die meisten fühlen sich dabei geschmeichelt und geben in der Regel gern darüber Auskunft. Oder fragen Sie nach verwandtschaftlichen Beziehungen, wenn Ihnen jemand Berühmtes gleichen Namens bekannt ist.

Sprechen Sie als Nächstes die Person öfter mit ihrem Namen an. So nehmen Sie ihn zum einen bewusst wahr und zum anderen praktizieren Sie etwas, womit Sie sich früher schon das Einmaleins oder fremdsprachige Vokabeln eingeprägt haben, nämlich durch Wiederholen. Außerdem können Sie noch mit der in Gedächtnistrainings vermittelten „Eselsbrückentechnik" arbeiten, indem Sie den Namen mit einem Bild in Verbindung bringen, wie „Herr Palme saß bei der Party neben einem Kaktus" oder „Herr Seemann sieht aus wie ein Seebär, weil er einen Vollbart hat", oder stellen Sie eine persönliche Beziehung zwischen sich und der Person her: „Frau Guntram reist genauso wie ich gern an die Nordsee."

> **Praxis-Tipp:**
> Namen können Sie sich mit drei einfachen Regeln besser merken:
> - Namen bewusst aufnehmen.
> - Person öfter mit ihrem Namen ansprechen, damit er sich einprägt.
> - „Eselsbrückentechnik" anwenden, Namen mit bildhafter Vorstellung in Verbindung bringen.

Auf diese Eigenschaften kommt es an!

Wie reagiert man, wenn einem der Name trotzdem nicht einfällt? Fragen Sie einfach danach, aber bitte nicht: „Wie war Ihr Name?", denn die Person lebt ja noch, sondern: „Mir ist Ihr Name entfallen, sagen Sie ihn mir bitte noch einmal." Da ich mir nun wirklich nicht die Namen aller ehemaligen Seminarteilnehmer merken kann, drücke ich ihnen, wenn sie mir später einmal irgendwo begegnen, meine Wertschätzung dadurch aus, dass ich etwas sage, was ich von dieser Person mit Sicherheit weiß, etwa: „Sie waren doch in dem Rhetorikseminar, wo wir nach Seminarende noch zwei Stunden im Hotel ausharren mussten, weil inzwischen Eisregen eingesetzt hatte und es so lange dauerte, bis die Straßen gestreut waren."

Machen Sie es anderen Menschen leicht, sich Ihren Namen einzuprägen

Wenn Sie netzwerken, ist es in Ihrem Interesse, dass andere Ihren Namen verstehen und dass sie ihn auch behalten. Dazu können Sie beitragen.

> **Beispiel:**
>
> In einem Seminar stellte sich ein Teilnehmer vor: Ich heiße Braun, ohne „k" und „tz". Ich fand das sehr einprägsam, weil man erst einmal darüber nachdenken musste, wo man denn bei „Braun" ein „k" bzw. ein „tz" unterbringen könnte.

Nennen Sie Ihren Nachnamen zweimal und dazu auch noch Ihren Vornamen. 007-Agent James Bond hat dies so praktiziert: „My name is Bond, James Bond." Und so sagen Sie zukünftig zum Beispiel: „Mein Name ist Schneider, Siegfried Schneider." Man kann einen Nachnamen leichter aufnehmen, wenn er zusammen mit dem Vornamen genannt wird. Dann ist man nämlich darauf vorbereitet, dass jetzt der Nachname kommt. Außerdem versteht man ihn akustisch besser, weil man sich schon ein wenig auf die Stimme eingestellt hat. Und wenn Sie ihn trotzdem nicht verstanden haben, fragen Sie sofort nach: „Ich bin nicht sicher, ob ich Ihren Namen richtig verstanden habe, würden Sie ihn bitte noch einmal nennen?" Am Rande bemerkt: Auf diese Weise bekommen Sie auch den Namen einer Person heraus, die ihn gar nicht genannt hat!

Testen Sie sich: Sind Sie ein Netzwerk-Typ?

„Siezen" oder „Duzen"

Ein heikles Thema, so viel steht fest. Ich bin nicht für ein schnelles Du-Sagen, denn für mich ist es immer noch eine besondere Form von Intimität, wenn ich mich mit einem anderen Menschen duze. Deshalb gehe ich damit ein wenig sparsam um. Doch bin ich mir nicht sicher, ob ich Ihnen meine Verhaltensweise empfehlen soll. Denn die Personen, die für mich vorbildliche Netzwerker sind, duzen sich mit sehr vielen Menschen.

Ein Kriterium ist sicher das Alter. Je jünger man ist, desto schneller neigt man zum Duzen. Beachten sollte man allerdings, ob die andere Person in etwa im gleichen Alter ist. Ansonsten gilt die grundsätzliche Benimmregel, dass jeweils die ältere oder ranghöhere Person der jüngeren bzw. rangniedrigeren das Du anbietet.

4 Womit Sie sich bei anderen beliebt machen

Aktiv zuhören

Wann hat das letzte Mal jemand zu Ihnen gesagt: „Danke, dass Sie mir zugehört haben." Wenn Sie sich an keine solche Situation erinnern, kann das zum einen bedeuten, die andere Person war nicht gut im Netzwerken, denn sonst hätte sie sich bedankt, und zum anderen, Sie sind niemand, den man für das gute Zuhören loben könnte. Wenn das Letztere zutreffen sollte, lässt sich das sehr schnell ändern, und Sie werden erstaunt sein, wie beliebt Sie auf einmal sind!

Im Englischen gibt es den Unterschied zwischen „to hear" und „to listen to", der deutlicher ist als der zwischen „hören" und „zuhören". Der Unterschied besteht darin, dass man prinzipiell immer „auf Empfang" ist, es sei denn, Sie stecken sich Ohropax in die Ohren. Trotzdem hört man nicht alles, was um einen herum geschieht, sondern man hört immer selektiv, das heißt, meist nur das, was für einen selbst von Bedeutung ist. Sich für einen anderen Menschen zu öffnen und auch bei Dingen zuzuhören, die einen vordergründig nicht interessieren, das ist durchaus eine Herausforderung. Sie werden allerdings feststellen: Wenn Sie sich wirklich auf das Zuhören konzentrieren, können Sie auch Fragen stellen oder Anmerkungen machen, und wenn sich daraufhin ein Dialog entwickelt, macht Zuhören Spaß.

Womit Sie sich bei anderen beliebt machen

Trainieren Sie das aktive Zuhören

Zuhören ist auch deshalb ein hoher Anspruch, weil unser Gehirn mit dem bloßen Zuhören nicht ausgelastet ist. Überlegen Sie mal, was Sie, während sie zuhören, alles machen können: Ihren Gesprächspartner betrachten, darüber nachdenken, warum er braune Schuhe zu einem schwarzen Anzug trägt oder ob er wohl verheiratet ist oder nicht. Oder man überlegt sich Gegenargumente zu dem Gehörten. Wissenschaftler in den USA haben festgestellt, dass man statt 150 bis 200 Wörter, die jemand in der Minute spricht, durchaus das Dreifache, etwa 450 bis 600 Wörter, aufnehmen kann. Erst dann sei das Gehirn mit dem Zuhören ausgelastet. Dass da etwas Wahres dran ist, können Sie testen, indem sie eine Audio-CD schneller ablaufen lassen. Sie werden bemerken, dass es bei doppelter Geschwindigkeit wirklich möglich ist, das Gehörte aufzunehmen und zu verarbeiten. Ob es bei noch höherer Geschwindigkeit tatsächlich noch möglich ist, konnte ich nicht testen. Dennoch, die Erkenntnis als solche, dass man sich gar nicht in dem Maße auf das Zuhören konzentrieren kann, wie es wünschenswert wäre, sollte dazu führen, dass man sich Verhaltensweisen angewöhnt, die das Zuhören unterstützen. Sie können mitschreiben oder das „Back-tracking" üben. Dies ist eine wichtige Technik, die heute für Psychologen zum Standard gehört, weil sie u.a. die Konzentration auf das Gehörte stärkt.

Praxis-Tipp:

Back-tracking bedeutet: Sie gewöhnen sich an, Teile des Gehörten zu wiederholen, jedoch nicht in penetranter Weise, denn sonst schaut die andere Person Sie vielleich nach einer Weile an und fragt: „Sind Sie ein Papagei?" Selbst wenn Ihnen dies tatsächlich einmal passieren sollte, lassen Sie sich nicht davon abhalten, sondern nehmen Sie sich vor, diese Technik ein wenig geschickter und seltener anzuwenden. Gut macht es sich, wenn Sie das, was Sie wiederholen, positiv bewerten: „Das finde ich super, dass das City-Hotel einen derart tollen Saunabereich hat."

Testen Sie sich: Sind Sie ein Netzwerk-Typ?

Nicht widersprechen, sondern andere Meinungen als gleichwertig akzeptieren

Vielleicht sind Sie bisweilen von Ihrer Mutter ermahnt worden, wenn Sie sich gegen eine Anordnung von ihr auflehnen wollten, mit den Worten: „Keine Widerrede." Das gilt auch im Umgang mit anderen Menschen. Grundsätzlich widersprechen Sie niemandem. Denn Sie widersprechen meist nicht, weil die andere Person Recht und Sie Unrecht hätten, sondern weil Meinungsunterschiede häufig auf unterschiedlichen Sichtweisen beruhen.[6] Deshalb fragen Sie lieber, wenn jemand etwa für den Ausbau einer Straße ist und Sie nicht: „Wie begründen Sie Ihre Meinung?", oder: „Mich würde interessieren, wie Sie zu dieser Meinung kommen."

Unsere Gesprächskultur – wenn man sie überhaupt als solche bezeichnen kann – beruht nämlich manchmal darauf, dass man versucht, die eigene Meinung durchzusetzen, oder wenn einem das nicht opportun erscheint, zu schweigen oder die Probleme aus Höflichkeit oder vermeintlicher Rücksichtnahme „unter den Teppich zu kehren".

Wichtig: Netzwerker dagegen sind Menschen, die prinzipiell offen sind für andere Meinungen, die gelernt haben, einen Sachverhalt oder einen Menschen nicht gleich – vor allem nicht negativ – zu bewerten. Man setzt sich nämlich unbewusst dauernd in der Weise mit seiner Umwelt auseinander, indem man bewertet: Ist diese Person attraktiver als ich, ist dieses Auto besser als meins, ist mein Kollege erfolgreicher als ich, verdient er mehr usw.? Das Bewerten fängt gleich morgens nach dem Aufstehen an, wenn man etwa sieht, dass es draußen regnet: „Oh, ist das Wetter schlecht!" Oder Sie schauen morgens in den Spiegel und sagen zu sich: „Meine Güte, wie siehst du denn schon wieder aus, völlig verkatert." Vielleicht zeigen Sie auch einen gewissen Galgenhumor: „Ich kenn dich zwar nicht, aber ich wasch dich trotzdem."

Wenn Sie dafür ein Gespür bekommen haben, werden Sie erstaunt sein, dass das Bewerten eine gedankliche Hauptbeschäftigung ist, die unser Weltbild entscheidend prägt. Sich davon zu befreien, ist zwar nicht möglich, man kann sich jedoch angewöhnen, diese

---

[6] Mehr dazu bei Fey, Gudrun: Gelassenheit siegt! Mit Fragen, Vorwürfen, Angriffen souverän umgehen.

spontanen Bewertungen zu hinterfragen und gegebenenfalls zu ändern. So wird man offen sein für Neuerungen und Veränderungen. Wenn man dadurch lernt, dass es in vielen Gesprächen nicht darum geht, seine Positionen zu behaupten und zu verteidigen, dann braucht man auch niemandem zu widersprechen, denn jede Person hat von ihrer Sicht aus Recht. Somit ist es sinnvoll, intensiv zuzuhören, ohne gleich parallel daran zu denken, was ich dem entgegensetzen kann.

Ziel eines solchen Gesprächs ist es, gemeinsam mit anderen die eigene Meinung zu überprüfen, zu hinterfragen, um dann u. U. zu einer ganz neuen Lösung zu kommen. Oder wie es einmal Hegel formuliert hat: „Im Gespräch mit anderen zu sich selbst kommen."

> **Praxis-Tipp:**
> Spielen Sie doch ab und zu das „Stoppspiel". Jedes Mal, wenn Sie sich beim Bewerten ertappen, rufen Sie innerlich „Stopp" und überlegen sich, woher diese Bewertung stammt und ob man den Sachverhalt nicht auch ganz anders beurteilen könnte. So erwerben Sie sich Offenheit und Toleranz für andere Meinungen.

Interesse für die andere Person zeigen, indem Sie Fragen stellen

Fühlen Sie sich nicht auch ernstgenommen und geschmeichelt, wenn sich eine andere Person offensichtlich für Sie interessiert, indem Sie Ihnen Fragen stellt zu Ihrer Person, Ihrem Beruf, Ihren Erfahrungen und anderes mehr? Natürlich kann man eine solche Person auch mal als neugierig oder sogar als aufdringlich empfinden. Dennoch bleibt es eine Tatsache: Diese Person interessiert sich offensichtlich für Sie. Deshalb stellen auch Sie zukünftig mehr Fragen. Tun Sie dies nicht, wird die andere Person dies u.U. als Desinteresse auslegen. Ich stelle deshalb ohne Hemmungen Fragen, weil nirgendwo geschrieben steht, dass jemand meine Fragen beantworten muss. Das soll diese Person selbst entscheiden und mir dann auch sagen: „Frau Fey, diese Frage möchte ich nicht beantworten, ..."

Testen Sie sich: Sind Sie ein Netzwerk-Typ?

> **Praxis-Tipp:**
>
> - Damit ein Gespräch keinen Verhörcharakter annimmt, ist es sinnvoll, nicht nur Fragen zu stellen, die mit „Ja" oder „Nein" beantwortet werden, wie: „Haben Sie Kinder?" „Ja", „Waren Sie schon in London?" „Nein".
>
> - Auch Fragen, auf die es nur eine richtige Antwort gibt, sind bisweilen unangenehm, wenn die Person die Antwort nicht weiß und das als Gesichtsverlust empfindet, zum Beispiel: „Wann wurde der Zweite Weltkrieg beendet?"
>
> - Am unverfänglichsten sind meist sogenannte offene Fragen, sprich Fragen nach Meinungen und Einstellungen, zum Beispiel: „Wie schätzen Sie die wirtschaftliche Entwicklung in Deutschland ein?"

Fragen, die Sie nicht stellen sollten

Selbst wenn Sie in den USA damit rechnen müssen, dass jemand Sie schon nach kurzer Zeit danach fragt, was Sie verdienen, ist eine solche Frage in Deutschland absolut verpönt. Auch die Frage nach dem Alter ist nicht nur gegenüber Frauen meist ein Tabu. Ebenso tabu sind Fragen, die andere hören können und die Sachverhalte betreffen, die Ihnen die andere Person im Vertrauen gesagt hat, etwa: „Ist Ihre Scheidung jetzt endlich durch?", oder: „Haben Sie die Stelle bekommen?"

Informationen bereitwillig weitergeben, doch Klatschen ist dumm

In der heutigen Zeit der Informationsüberflutung ist es unmöglich, alle relevanten Informationen zu entdecken. Wenn ich daran denke, wie sich bei mir zeitweilig die Fachzeitschriften stapeln, welche Homepages und Links ich mir noch anschauen möchte, wird mir ganz schlecht. Trotzdem freue ich mich, wenn mich andere auf für mich relevante Artikel und Informationen – per E-Mail entweder mit angehängter Datei oder Link – hinweisen, das ist eine schöne Geste. Auch ich habe mir angewöhnt, Informationen an meine Kontakte weiterzuleiten, wenn ich der Meinung bin, dass diese für sie interessant und von Nutzen sein könnten.

Achtung: Manche Menschen glauben leider noch immer, dass Wissen Macht ist. Diese Einstellung ist falsch, denn Wissen, das Sie horten, bedeutet keine Macht. Zur Macht wird Wissen erst, wenn Sie es anwenden und teilen.

> **Praxis-Tipp:**
> Am besten und sichersten ist es, wenn Sie sich vorher erkundigen, ob es erwünscht ist, dass Sie eine bestimmte Information verbreiten. Falls Ihnen jedoch aus Unbedachtheit mal etwas herausgerutscht ist, was Sie hinterher bereuen, rufen Sie sofort die betreffende Person an: Denn das Vertrauen ist auf jeden Fall dahin, wenn diese Person über Dritte erfährt, was Sie ausgeplaudert haben. Werden Sie jedoch selbst aktiv, dann können Sie dieser Person erklären, dass es keine böse Absicht war, sondern einfach Dummheit.

Warum wird überhaupt geklatscht?

Personen, die an andere eine pikante Beobachtung weitergeben, machen sich damit interessant. Deshalb klatschen oft Personen, die sonst von niemandem beachtet werden würden oder die damit ihre Minderwertigkeitskomplexe kompensieren. Endlich wird ihnen zugehört, sie fühlen sich wichtig und, je nachdem, um was es sich handelt, auch moralisch höherwertig. Doch haben Sie es nötig, Ihr Selbstwertgefühl in dieser Weise aufzupolieren? Manchmal können Sie nämlich eine solche Information viel besser nutzen, wenn Sie sie für sich behalten.

> **Praxis-Tipp:**
> GNIF: Gruß, Name, Information geben und Frage. Seien Sie freimütig mit Informationen über sich selbst, falls Sie selbst gern diese Informationen von der anderen Person erfahren möchten: „Ich bin in der Lüneburger Heide aufgewachsen, und Sie?", oder: „Ich spiele sehr gern Tennis, Sie auch?"

Testen Sie sich: Sind Sie ein Netzwerk-Typ?

Warum ein Hinter-dem-Berg-Halten privater Informationen dumm sein kann, lässt sich damit begründen, dass die Leute dann gleich etwas vermuten, was für die betroffene Person negativ sein kann. So weigerte sich einmal ein Seminarteilnehmer, etwas zu seinem Familienstand zu sagen. Sofort wurde in der Pause – als er nicht dabeistand – gerätselt, ob er denn homosexuell sei oder in Scheidung lebe, da sich niemand erklären konnte, warum er eine solche Information in einem Seminar verweigerte. Tatsächlich war er glücklich verheiratet, vermied es jedoch aus Prinzip, über seine privaten Verhältnisse anderen Leuten freiwillig etwas preiszugeben. Kein Wunder, dass er in dem Unternehmen, in dem er arbeitete, als schwierig und wenig teamfähig galt.

4 Humor zeigen

Sie sind humorlos? Das glaube ich nicht, wahrscheinlich sind Sie nur ein wenig verkrampft. Denn um humorvoll reagieren zu können, müssen Sie locker und entspannt sein und über ein solides Selbstwertgefühl verfügen. Selbst wenn Sie sich Witze nicht gut merken können, sollten Sie ein paar „Standardwitze" in Ihrem Repertoire haben. Und außerdem zeigt sich Humor nicht nur beim Witzeerzählen, sondern auch dadurch, dass Sie gern lachen.

Vertrauen aufbauen

Netzwerken lebt vom Vertrauen. Vertrauen aufzubauen braucht Zeit, doch leider kann es in Bruchteilen von Minuten zerstört werden. Oder würden Sie eine Landtagsabgeordnete wiederwählen, die einen Ladendiebstahl begangen hat? Wohl eher nicht. Das mag eine unangemessene Reaktion sein, falls sie ansonsten eine sehr gute Parlamentsarbeit geleistet hat, allerdings wird man so reagieren. So könnte man auch sagen: „Vertrauen ist nicht alles, doch ohne Vertrauen zählt alles andere nicht."

Praxis-Tipp:

- Damit Vertrauen aufgebaut werden kann, ist die Einhaltung von Versprechen die wichtigste Voraussetzung. Deshalb aufpassen, wenn Sie ein Mensch sind, der nicht „Nein" sagen kann. Sie handeln sich nämlich eine Menge Ärger ein, wenn Sie nicht alles erledigen, was Sie anderen versprechen.
- Deshalb sich lieber weniger „auf den Teller packen" und dafür absolut zuverlässig sein.

Sie können auch Vertrauen aufbauen, indem Sie es der anderen Person zuerst entgegenbringen. Sie könnten Ihrer Kollegin für das nächste Wochenende Ihr Auto anbieten, weil Sie von ihr erfahren haben, dass sie Schwierigkeiten hat, pünktlich zu einem entlegenen Tagungsort zu kommen. Selbst wenn sie das Angebot von Ihnen nicht annehmen sollte, ist es sicher eine Geste, die nicht so schnell in Vergessenheit gerät.

Frauen und Männer bauen in unterschiedlicher Weise Vertrauen auf

Denken Sie einmal zurück an Jugendfreundschaften. Als Mädchen vertrauten Sie Ihrer besten Freundin alles an, und diese verhielt sich ebenso. Aus diesem Grund telefonieren oder reden Mädchen (und später natürlich auch Frauen) so gerne stundenlang miteinander. Beim Austausch von Intimitäten kommen sie sich oft sehr schnell nahe. Doch wehe, wenn eine solche Freundschaft zerbricht, dann werden aus den Freundinnen manchmal erbitterte Feindinnen, die sich „bekriegen", indem sie über intime Details zu anderen sprechen.

Freundschaften unter Jungen sind selten so innig. Vor allem Jungen fällt es schwer, sich über eigene Schwächen und Misserfolge zu äußern. Sie bauen Vertrauen über gemeinsame Erlebnisse auf. Diese finden nicht beim Telefonieren statt, sondern während gemeinsamer Abenteuer. Deshalb sind etwa bei Männervereinigungen wie den Freimaurern feierliche Rituale sehr beliebt. Doch

Testen Sie sich: Sind Sie ein Netzwerk-Typ?

dass der eine gerade seinen Job verloren hat, wird er erst dann seinem besten Freund anvertrauen, wenn es wirklich nicht mehr zu verheimlichen ist.

> **Praxis-Tipp:**
>
> Hier können beide Geschlechter voneinander lernen: Frauen sollten vorsichtiger in der Auswahl von Personen werden, denen sie ihre intimsten Handlungen und Gedanken anvertrauen. Männer dagegen müssen oft lernen, offener miteinander umzugehen, sodass sie auch untereinander über Schwächen und Fehler reden und einander bei der Überwindung helfen können. Denn Männer haben oft nur eine Vertraute: Das ist ihre Frau oder Freundin, und wenn eine solche Beziehung in die Brüche geht, sind Männer oft ohne emotionalen Rückhalt. Sind sie jedoch Mitglied in einem funktionierenden Netzwerk, dann gibt es dort immer Menschen, die in einem solchen Fall helfen.

Entwickeln Sie Ihre kommunikativen Fähigkeiten

Small Talk üben 60
Wie Sie ein Gespräch am besten anfangen 61
Richtig loben und Komplimente machen 65
Mit Fauxpas gekonnt umgehen 67
Elevator Pitch 68

Small Talk üben

Es ist erstaunlich, wie wenige Menschen die Kunst des Small Talks beherrschen. Schließlich öffnet er Türen und schafft Kontakte. Es ist weniger wichtig, was Sie sagen, sondern dass Sie überhaupt etwas sagen und wie Sie es sagen. Ein Psychologe hat Small Talk einmal gleichgesetzt mit dem gegenseitigen Lausen, wie es bei Affen üblich ist. Er nannte Small Talk deshalb „Soziales Lausen". Natürlich liegt es nicht jedem, einfach mit „wildfremden" Menschen zu plaudern. Doch wenn Sie beim Lesen dieses Buches beschlossen haben, das Netzwerken zu praktizieren zu wollen, dann gehört dazu auch das Beherrschen von Small Talk.

Ich habe es hin und wieder als äußerst unangenehm und manchmal peinlich empfunden – etwa bei einer Einladung zum Essen –, einen ganzen Abend neben einer Person zu sitzen, die von sich aus nichts redet. Egal, mit welchem Thema man es versucht, es wird jeweils die kürzestmögliche Antwort gegeben, und dann folgt erst einmal eine lange Pause.

Früher hat mich ein solches Verhalten bisweilen richtig aggressiv gemacht: „Dieser pampige Typ, kann der seinen Mund nicht aufmachen? So ein unhöflicher Mensch!" Inzwischen hat sich meine Einstellung zu einem solchen Verhalten geändert. Es hat in der Regel nichts mit Unhöflichkeit zu tun, sondern schlicht und ergreifend mit Unvermögen. Viele Menschen sind ungeübt im Small Talk. Weil sie unsicher sind, sagen sie lieber gar nichts, gemäß der Devise: „Wer schweigt, kann auch nichts Falsches sagen." Das stimmt zwar, da wir jedoch nicht „Nicht-kommunizieren" (Paul Watzlawick) können, macht man durch Schweigen auch Aussagen. Es kann interpretiert werden als Unsicherheit, Desinteresse, Arroganz, Angst, etwas Unpassendes zu sagen oder Nichtwissen zu offenbaren, passiver Widerstand, Angst, der anderen Person zu widersprechen, Angst vor Auseinandersetzungen und schließlich Resignation: „Es ist egal, was ich sage, es bringt ja doch nichts."

Schweigen kann bei anderen Menschen oft einen negativen Eindruck hinterlassen. Manchmal denkt man auch, dass man der anderen Person vielleicht sogar unsympathisch ist. Und diesen Eindruck dürfen Netzwerker keinesfalls hinterlassen.

> **Praxis-Tipp:**
>
> Es lohnt sich, Small Talk zu lernen. Je natürlicher Sie sich verhalten, desto schneller kommt ein wirkliches Gespräch zustande. Suchen Sie jedoch nach einem originellen Gesprächseinstieg, weil Sie sich sagen: „Ich kann doch nicht immer mit dem Wetter anfangen", dann verkrampfen Sie sich zumeist, und es fällt Ihnen garantiert nichts ein. Warum sollten Sie nicht mit dem Wetter anfangen? Um einen Kontakt aufzubauen, sind Gemeinsamkeiten am besten geeignet. Das Wetter ist allen gemeinsam und weil man in der Regel dazu die gleiche Einstellung hat, ist es gerade zu Beginn einer Unterhaltung ein beliebtes Thema und wird es auch bleiben.[7]

Wie Sie ein Gespräch am besten anfangen

Netzwerker sind kontaktfreudige Menschen. Und da man nie genug Leute kennt, lohnt es sich bisweilen, mit Unbekannten ins Gespräch zu kommen – sei es im Unternehmen, im Fahrstuhl, im Zug, bei einer Ausstellungseröffnung, einer Geburtstagsfeier oder wo auch immer wir mit Unbekannten zusammentreffen. Nur, womit fängt man an? Diese Situation muss jedoch weder unangenehm noch peinlich sein, wenn Sie den einen oder anderen Hinweis beherzigen. Warten Sie nicht zu lange. Je länger man sich „anschweigt", desto schwieriger ist es, einen unverkrampften Einstieg zu finden.

> **Praxis-Tipp:**
>
> - Fangen Sie so selbstverständlich wie möglich an!
> - Suchen Sie nicht nach einem originellen Gesprächseinstieg!
> - Suchen Sie stattdessen nach Gemeinsamkeiten!

Die Verkehrssituation bietet Ihnen zum Beispiel entsprechende Gesprächseinstiege: „Standen Sie in Reutlingen auch im Stau?"

---

[7] Schäfer-Ernst, Barbara: Vom Small Talk zum Netzwerken. Kleine Gespräche mit großer Wirkung, Doppel-CD.

Entwickeln Sie Ihre kommunikativen Fähigkeiten

Auch Parkplatzprobleme sind oft allen gemeinsam: „Ich musste mein Auto bei der Kirche parken, und Sie?" Wenn Sie die örtliche Tageszeitung lesen, sind Sie oft informiert über kulturelle Ereignisse: „Haben Sie schon das Theaterstück (die Ausstellung, das alte Schloss, …) gesehen?" Oder wenn die andere Person Gast in der Stadt ist, können Sie auch fragen, ob sie schon das Schloss besichtigt hat.

Die folgenden Fragen dürfen Sie stellen, ohne allzu neugierig zu wirken:

- „Aus welcher Stadt kommen Sie?"
- „Waren Sie dieses Jahr schon im Urlaub?"

Manchmal ist es verbindlicher, wenn Sie selbst etwas sagen, bevor Sie fragen:

- „Ich spiele Fußball. Was machen Sie in Ihrer Freizeit?"
- „Ich war im Urlaub in Spanien. Was haben Sie gemacht?"
- „Ich interessiere mich für moderne Malerei, und Sie?"

Dieses Fragemuster ist besonders empfehlenswert bei persönlichen Fragen, wie Alter, Beruf, Familienstand, Kinder.

Eine Gesprächsaufforderung kann auch ohne Frage, nämlich durch eine „Ich-Botschaft" erfolgen:

„Ich freue mich, Sie wieder zu sehen." – Pause, meist wird jetzt Ihr Gegenüber etwas sagen, und Ihr Problem ist gelöst. Wenn nicht, „schwelgen" Sie in Erinnerungen und bauen so Gemeinsamkeiten auf. Falls Sie Ihr Gegenüber nicht kennen, sagen Sie stattdessen: „Ich freue mich, dass Sie gekommen sind." – Pause.

Manchmal liegt es nahe, etwas anzubieten: Zeitung, Tasse Kaffee, Sprudel … und darüber ein Gespräch zu beginnen.

Je nach Situation können Sie Ihr Gegenüber auch um etwas bitten: die Speisekarte, das Salz, die Zeitung, … und das Bekommene bewerten: „Da stehen ja leckere Sachen drin." Unter Umständen geht es dann weiter mit: „Was würden Sie mir denn empfehlen?"

Wie Sie ein Gespräch am besten anfangen

Vielleicht fragen Sie Ihr Gegenüber nach etwas, das Ihnen bekannt ist, denn Ihnen geht es ja um einen Gesprächsanfang:

- „Wissen Sie, wann der Zug in Hamburg ist?"
- „Ich möchte zum Bahnhof, können Sie mir helfen?"
- „Wo ist denn hier der Fahrstuhl?"

Beliebt ist es, mit einem Kompliment zu beginnen: „Gut sehen Sie aus, waren Sie im Urlaub?"

Achtung: Loben Sie bitte nur Dinge, die Ihnen lobenswert erscheinen. Es besteht sonst die Gefahr, dass Ihr Gegenüber spürt, dass Sie schwindeln, und das macht Sie nicht gerade sympathisch!

Selbst sanfte Provokationen machen Ihr Gegenüber bisweilen gesprächig:

- „Tragen Sie immer so interessante Krawatten?"
- „Sie sind eher ein ruhiger Mensch, oder?"
- „Fanden Sie das Büfett auch so lecker?"

Wenn das Gespräch in Gang gekommen ist, können Sie es durch „aktives Zuhören", also interessierter Blick, Kopfnicken und Bemerkungen wie: „Hm, hm …" „Ach, ja?" „Wirklich?" weiterführen, oft ohne selbst etwas zu sagen. Mehr Zuhörqualitäten verlangt das bereits erwähnte „reflektierende Zuhören", das „Backtracking". Hier wiederholen Sie jeweils Teile des Gesagten, um sie zu verstärken:

- „Sie waren tatsächlich in Torquay?"

- „Sie meinen also, Tempo 30 in Wohngebieten sei angemessen?"

- „Verstehe ich Sie richtig, Sie setzen sich für mehr Ganztagsschulen ein?"

Wenn diese Ratschläge nichts fruchten und Ihr Partner, Ihre Partnerin „stumm wie ein Fisch" bleibt, wissen Sie zumindest, dass es nicht an Ihnen liegt, wenn kein Gespräch zustande kommt. Vielleicht will Ihr Gegenüber ja in Ruhe gelassen werden und traut sich nicht, Ihnen dies klipp und klar zu sagen.

Entwickeln Sie Ihre kommunikativen Fähigkeiten

> **Praxis-Tipp:**
> Nicht empfehlenswerte Gesprächsanfänge: Sollten Sie aufgrund der Dialektfärbung merken, aus welcher Gegend Deutschlands jemand stammt, sprechen Sie ihn oder sie trotzdem nicht darauf an, weil sich manche Menschen – leider! – sehr stark bemühen, ihre Dialektfärbung zu verbergen.

Gesprächsaufhänger bieten

Falls Sie Probleme haben, auf andere Menschen zuzugehen, bieten Sie selbst einen Gesprächsaufhänger. Das kann bei Frauen ein interessanter Schmuck sein, bei Männern vielleicht eine ausgefallene Uhr. Wecken Sie also Neugierde! Der beste Gesprächsaufhänger ist oft ein Hund! Doch empfehle ich Ihnen nicht, sich aus diesem Grund einen Hund anzuschaffen. Wer allerdings einen Hund hat, weiß, dass man über ihn mit sehr vielen Leuten – nicht nur Hundebesitzern – ins Gespräch kommt.

> **Beispiel:**
> In einer Hotelbar in Zürich saß neben mir ein gut gekleideter Herr in den Fünfzigern, der auf mich wie ein Unternehmer wirkte. Was mich irritierte, war eine Swatch-Uhr an seinem Handgelenk. Ich verwickelte ihn deshalb in ein Gespräch, und es stellte sich heraus, dass das ein „Tick" von ihm war und er für jeden Tag eine andere Swatch-Uhr hatte.

Über welche Themen können Sie reden?

Am besten machen Sie eine Liste mit Themen, über die Sie gern reden und zu denen Sie etwas zu sagen haben. Wenn Ihnen nichts mehr einfällt, fragen Sie andere in Ihrem Netzwerk, was ihre Lieblingsthemen sind. Haben Sie keine Hemmungen, mit jeweils anderen Menschen immer über dieselben Themen zu reden. So werden Sie nämlich fit im Small Talk. Sie erhalten zudem neue Informationen und Anregungen und entwickeln sich, was dieses Thema betrifft, allmählich zur Expertin oder zum Experten. Sie können sich auch neue Themen aneignen, indem Sie das, was Sie über ein neues Thema gehört, gesehen oder gelesen haben, anderen mitteilen. Je öfter Sie das machen, desto fitter werden Sie in dem neuen Thema.

> **Praxis-Tipp:**
> Bevor Sie zu einem Empfang oder einer Party gehen, schreiben Sie sich einen Spickzettel mit Themen, über die Sie reden können. Das mag Ihnen albern vorkommen, es ist jedoch durchaus eine Hilfe, da einem manchmal in einer solchen Situation die Themen ausgehen. Natürlich ziehen Sie den Zettel nicht während des Gesprächs aus der Tasche, sondern warten dafür eine günstige Gelegenheit ab.

Richtig loben und Komplimente machen

Lob ist nicht das Salz in der Suppe, sondern die Suppe selbst. Loben Sie allerdings nur, was Ihnen lobenswert erscheint. Dazu gehören auch Dinge, die vielleicht für Sie selbstverständlich sein mögen, für andere jedoch nicht!

Ihr Kollege hat seinen Mantel heute nicht einfach so über einen Stuhl geworfen, nein, er hat ihn ordnungsgemäß an der Garderobe aufgehängt. Das ist ein Lob wert, denn das Wichtige am Lob ist: Sie verstärken damit das gewünschte Verhalten. Ein Verhalten, das gelobt wird, wird öfter gezeigt. Da sind wir alle wie kleine Kinder!

Wie reagieren Sie auf ein Lob?

Die einfachste Reaktion ist ein schlichtes „Danke". Sie können dann gern noch wiederholen, was gelobt wurde: „Danke, es freut mich, dass Ihnen mein Vortrag neue Erkenntnisse vermittelt hat." Falsch ist es, das Lob aus falscher Bescheidenheit abzuwehren. Man lobt Ihren Bericht, und Sie sagen: „Ach, war ganz einfach! Habe ich gern gemacht." Auch hier ist ein schlichtes „Danke" eine

Entwickeln Sie Ihre kommunikativen Fähigkeiten

gute Reaktion oder Sie setzen noch eins drauf und weisen auf die große Mühe hin, die Ihnen die Recherche bereitet hat.

Manchmal überkommen einen Hemmungen, eine höhergestellte Persönlichkeit, die Sie vielleicht als Mentorin gewinnen wollen, zu loben. Es könnte anmaßend wirken. Hier kommt es sicher darauf an, dass Sie konkret loben. Angenommen, Sie sind Student und wollen ihr sagen, wie gut Ihnen ihre Vorlesungen gefallen, dann wäre Folgendes passend: „Ich komme gern in Ihre Veranstaltungen; denn Sie sagen immer ganz deutlich, was prüfungsrelevant ist." Unpassend wäre, zu bemerken: „Ihre neueste Veröffentlichung zeigt mir, dass Sie schon sehr tief in diese Materie eingedrungen sind."

> **Praxis-Tipp:**
> Falls Sie eine Führungskraft sind, empfehle ich Ihnen, die nächsten fünf Tage auf der Lauer zu liegen, wo Sie etwas zu loben finden, und dann auch sofort die betreffende Person zu loben. Sie werden feststellen, dass sich in dieser einen Woche Ihre Wahrnehmung verschiebt, denn normalerweise fällt einem nur das auf, was es zu kritisieren gibt.

Komplimente beziehen sich im Gegensatz zum Lob eher auf die Person selbst und weniger auf eine bestimmte Leistung. Um Komplimente machen zu können, müssen Sie sich mit anderen Menschen auseinandersetzen. Ihre Wahrnehmung wird sich ändern, wenn Sie sich auf die Suche nach etwas Anerkennenswertem machen. Und genau das ist die Absicht! Komplimente schaffen eine angenehme Gesprächsatmosphäre, denn Ihr Gegenüber fühlt sich von Ihnen beachtet und geachtet.

Sie können Komplimente machen, die das Äußere betreffen, wie Kleidung, Frisur, Farbzusammenstellung. Das Wesen, die Ausstrahlung kann ebenfalls Anlass für ein Kompliment sein: „Ich freue mich jedes Mal, wenn ich Sie treffe, denn Sie haben so ein gewinnendes Lächeln."

Sie können auch ein bestimmtes Verhalten kommentieren: „Also, wie Sie heute Morgen reagiert haben, fand ich toll!"

Achtung: Je detaillierter Ihr Kompliment ist, desto glaubwürdiger wirkt es! Also nicht: „Ihr Kleid gefällt mir sehr gut", sondern: „Das Blau Ihres Kleides passt sehr gut zu Ihrem Teint."

Welche Komplimente kommen schlecht an?

Auf jeden Fall kommen die Komplimente schlecht an, die aus Pflichtgefühl und nicht aus ehrlicher Überzeugung gemacht werden. Die Worte mögen stimmen, es wird Sie jedoch Ihr Tonfall verraten! Loben Sie auch nicht etwas, was die andere Person vielleicht stören könnte: „Also, Ihre Stupsnase finde ich ganz reizend!" Verletzen können Sie eine andere Person, wenn Sie etwas ganz Unwichtiges positiv herausheben, etwa nach einem Vortrag den exzellenten Haarschnitt der Rednerin, jedoch nicht die Rede. Und wie reagieren Sie auf ein unpassendes Kompliment? Am besten positiv, denn die andere Person wollte Ihnen etwas Nettes sagen, und das ist auf jeden Fall eine freundliche Reaktion wert!

Mit Fauxpas gekonnt umgehen

Angenommen, Sie reden jemanden mit Doktortitel an und die betreffende Person hat keinen oder umgekehrt. Ersteres ist überhaupt nicht schlimm, denn für die betroffene Person bedeutet dies ja eine Aufwertung. Also kein Grund, rot zu werden, wenn Sie darauf aufmerksam gemacht werden. Das zweite ist auch kein Drama, denn wenn man erst einmal ein paar Jahre im Besitz dieses Titels ist, fällt es – zumindest mir – nicht auf, wenn ich nicht mit Doktortitel angesprochen werde und wenn es mir auffällt, dann stört es mich nicht. Soweit ich das beurteilen kann, scheint es eher die Ausnahme zu sein, dass deswegen jemand beleidigt oder gekränkt ist.

Meist verwahre ich mich sogar gegen die Anrede mit Titel, denn ich finde, dass damit eine Beziehung förmlicher und steifer wird. Und da Netzwerken eine offene und freundschaftliche Atmosphäre braucht, sind Anreden mit Titel schädlich.

Entwickeln Sie Ihre kommunikativen Fähigkeiten

Elevator Pitch

Angenommen, Sie haben einen Verbesserungsvorschlag ausgearbeitet, wie ein bestimmter Arbeitsprozess effizienter gestaltet werden könnte. Doch Ihr direkter Vorgesetzter ist nicht bereit, sich für die Umsetzung einzusetzen, da das für ihn Arbeit bedeuten würde. Was nun? Überlegen Sie, wer ein Interesse an der Umsetzung haben könnte. Beispielsweise die Geschäftsführerin. Doch da Sie in einem großen Unternehmen arbeiten, müssten Sie einige Hierarchiestufen überspringen, um sie darauf aufmerksam zu machen. Das könnte letztlich Ärger mit Ihrem Vorgesetzten bedeuten, wenn Sie ihn übergehen.

Was halten Sie davon, wenn Sie sich überlegen, wo Sie die Geschäftsführerin treffen könnten, um sie auf Ihren Vorschlag aufmerksam zu machen? Vielleicht können Sie sie auf dem Weg von der Kantine ansprechen oder auf dem Parkplatz, bevor sie nach Hause geht. Würden Sie in einem 30-stöckigen Hochhaus arbeiten, und die Geschäftsleitung hätte ihr Büro im letzten Stockwerk, wäre der Aufzug ein idealer Ort, um ihr kurz Ihren Vorschlag zu unterbreiten. Diese Idee stammt aus den USA und nennt sich „Elevator Pitch". Hier ein Vorschlag, wie Sie ihn formulieren könnten:

„Guten Tag! Schön, dass ich Sie gerade treffe! Ich bin ... und arbeite in der Abteilung ... Darf ich Ihnen ganz kurz eine Idee vorstellen?"

Erfahrungsgemäß folgt daraufhin ein „Ja". (Falls die betroffene Person keine Zeit hat, fragen Sie am besten, ob Sie ihr den Vorschlag per E-Mail schicken dürfen.)

„Ich habe jetzt einen Vorschlag ausgearbeitet, damit ... Denn ich ärgere mich immer darüber, dass ..."

Anschließend gehen Sie kurz auf den Vorschlag ein, verraten aber nicht zu viel. Machen Sie eine Pause und warten Sie, ob Ihr Gegenüber sagt: „Finde ich interessant, Ihr Vorschlag gefällt mir. Schicken Sie ihn mir doch per Mail." Falls ein solches Angebot ausbleibt, bieten Sie es Ihrem Gesprächspartner an:

„Nun würde ich Ihnen das Konzept gerne mailen. Wäre das für Sie in Ordnung?"

Auch andere Menschen sagen ungern „Nein". Deshalb kommt an dieser Stelle in der Regel ein „Ja".

Wenn Ihr Vorschlag nicht von Interesse ist, wandert er eben später in den Papierkorb. Nun schicken Sie der angesprochenen Person Ihren Vorschlag zu, haken nach zwei Tagen nach und sehen zu, dass Sie einen persönlichen Termin bekommen, in dem Sie über Ihren Vorschlag sprechen können. Ihre direkte Führungskraft sollten Sie möglichst rasch nach dem „zufälligen" Treffen darüber und Ihre weiteren Schritte informieren. Vermutlich wird sie darüber nicht begeistert sein, doch schließlich geht es um Ihren Vorschlag und Sie. Und da muss man manchmal zu Maßnahmen greifen, die nicht alle für gut befinden.

Ergreifen Sie die Initiative

Erfolg liegt nur im Handeln 72
Kommerzielle Netzwerke 73
Visitenkartenpartys 74
Netzwerken mit System 75

Erfolg liegt nur im Handeln

Netzwerker sind aktive Menschen, denn Erfolg ist etwas, was erfolgt, nachdem Sie etwas getan oder veranlasst haben. Überwinden Sie gegebenenfalls Ihre „Dornröschen-Mentalität".

Achtung: Sagen Sie nicht: „Netzwerken kostet Zeit", sondern betrachten Sie es stattdessen als eine notwendige Investition, die ebenso wie das Durchführen einer Mailingaktion oder das Einarbeiten in eine neue Software Zeit benötigt.

Netzwerken heißt, in Menschen investieren

Eine solche Investition ist genauso risikoreich wie andere Investitionen, beispielsweise Investitionen in Aktien. So habe ich schon in Menschen investiert und bin bitter enttäuscht worden. Auch hier zählt Erfahrung, und das heißt in diesem Fall, Sie brauchen Menschenkenntnis. Diese erwerben Sie mit lebenslanger Beobachtung. Natürlich, wenn Sie niemanden empfehlen oder fördern, gehen Sie auch nie das Risiko ein, einmal „auf ein falsches Pferd zu setzen". Das Problem ist jedoch: Sie können auch keinen Erfolg verbuchen! Und deshalb sagen Sie lieber: „Wer mutig ist, lernt mehr", und lernen aus Ihren Erfahrungen im Umgang mit anderen Menschen.

> **Praxis-Tipp:**
>
> Lassen Sie sich beim Netzwerken nicht nur von Sympathie leiten. Selbst wenn Sie Männer mit Haarausfall und Schuppen auf dem Kragen nicht mögen, ist das kein Grund, nicht mit ihnen zu netzwerken. Achten Sie deshalb auf netzwerkrelevante Kriterien. Überlegen Sie sich, wo Sie einem Menschen zum Erfolg verhelfen können und wo er Ihnen.

Kommerzielle Netzwerke

Sie sind selbstständig oder für den Vertrieb in Ihrer kleinen Firma verantwortlich und möchten Ihr Vertriebsteam auf bis zu 40 kostenlose mögliche Empfehler erweitern und suchen deshalb ein professionelles Netzwerk? Das gibt es. Geeignet hierfür ist BNI (Business Network-International – Die Organisation für Geschäftsempfehlungen: www.bni-stuttgart.com).

BNI gibt es seit 20 Jahren und ist die weltweit führende Organisation auf diesem Gebiet. BNI ist in sogenannten Chaptern organisiert, wobei jedes Chapter zwischen 25 und 40 Unternehmern umfasst. Die Besonderheit hierbei ist, dass jede Branche jeweils nur einmal vertreten sein darf, das heißt, es gibt keine Konkurrenz. Der Hauptzweck jedes Chapters besteht darin, auf Basis von persönlichen Empfehlungen/Kontakten der Mitglieder neue Kunden und Aufträge zu gewinnen. BNI ist das Franchise-System für Mund-zu-Mund-Werbung, agiert nach der Philosophie: „Wer gibt, gewinnt – helfe ich Ihnen, helfen Sie mir" und stellt somit ein WIN/WIN-Modell für alle Beteiligten dar. Die entstandenen Aufträge sind provisions- und vermittlungsgebührfrei. Die Umsatzsummen, die dabei weltweit erzielt werden, sind beeindruckend. Diese Ergebnisse werden dadurch erreicht, dass die Chapter selbst wie ein Unternehmen geführt werden; so ist z. B. Anwesenheit ein elementarer Faktor. Der Ablauf des 90-minütigen Frühstücks ist sehr strukturiert und zielorientiert, sodass die Zeit eines jeden effektiv genutzt wird. Die persönliche Kurzvorstellung des Unternehmens ist dabei ein zentraler Baustein. Durch zielorientiertes Handeln wird überprüft, ob sich das Chapter in Richtung Erfolg bewegt oder nicht. Jeweils ein Mitglied kann sich und sein Unternehmen in einer 10-Minuten-Präsentation darstellen. Neben den kostenlosen Workshops für Mitglieder ist ein Agendapunkt „Optimierung der Netzwerk- und Vertriebsarbeit". Eine Mitgliedschaft rechnet sich meistens schon nach einem Jahr. Intensivieren sich die Geschäftsbeziehungen, so sprechen Mitglieder davon, dass sie ein Mehrfaches ihres Mitgliedsbeitrags durch Gewinnsteigerung zurückerhalten haben. Ein Testbesuch lohnt sich, nicht zuletzt deshalb, weil es Spaß macht, mit Menschen zusammen zu sein, die gleiche Interessen verfolgen.

Ergreifen Sie die Initiative

Visitenkartenpartys

Seit 2002 gibt es Visitenkartenpartys, eine offene Form des Netzwerkens. Sie sind in erster Linie für Selbstständige geeignet, doch je nachdem, was Sie suchen oder bieten, sind sie auch für Angestellte interessant. Alles in allem bieten sie eine gute und unverbindliche Möglichkeit, sich im Kontakteknüpfen zu üben, selbst wenn Ihnen die Teilnahme keinen Auftrag oder keine neue Stelle einbringen sollte. Gehen Sie deshalb allein hin, damit Sie auch wirklich gezwungen sind, Kontakte zu knüpfen.

Sie müssen kein Mitglied werden, sondern melden sich zu jeder Visitenkartenparty separat an. Der Teilnahmebeitrag ist erschwinglich. Wie der Name nahelegt, werden dort Visitenkarten und Firmenprospekte oder Flyer mit dem Ziel der Geschäftsanbahnung ausgetauscht. Wenn Sie im Internet nach dem Stichwort „Visitenkartenparty" suchen, finden Sie entsprechende Unternehmen.

Ablauf: Zunächst erstellen alle Teilnehmer anhand von acht Fragen Steckbriefe über sich, die an Stellwände gehängt werden. Zur besseren Orientierung gibt es im Eingangsbereich eine Übersicht, in der die Teilnehmernamen nach Branchen geordnet sind, sodass man sie leicht anhand der Namensschilder kontaktieren kann. Des Weiteren gibt es kleine Kontaktspiele, um auch mit Leuten zusammenzukommen, die man von sich aus nie angesprochen hätte. Bei der Veranstaltung, an der ich teilnahm, waren ca. 100 Leute. Leider war der Raum zu groß gewählt, sodass man nur mit den Leuten leicht ins Gespräch kam, die bei einem am Stehtisch standen. Wenn Sie nicht so kontaktfreudig sein sollten, können Sie auch warten, bis Sie angesprochen werden, da die anderen Teilnehmer ebenfalls an Kontakten interessiert sein dürften.

Bei einer Visitenkartenparty einer anderen Firma war der Ablauf ein anderer: Es begann mit einem zehnminütigen Kurzvortrag eines Experten zu einem Thema von allgemeinem Interesse. An dem Abend, an dem ich teilnahm, war es das Thema: „Was bei der Kündigung eines Mitarbeiters arbeitsrechtlich zu beachten ist." Sie können außerdem noch die „Speaker's Corner" für zurzeit 50 EUR buchen, um sich und Ihr Unternehmen vorzustellen. Für alle Teilnehmer gibt es ein gedrucktes Verzeichnis mit Namen und Informationen über die Teilnehmer, die man daraufhin gezielt ansprechen kann.

Netzwerken mit System

Wenn Sie selbst ein Netzwerk aufbauen, werden Sie erstaunt sein, wie sich Ihre Kontakte potenzieren. Denn jedes Mitglied Ihres Netzwerks ist wiederum in einem Netzwerk oder in mehreren Netzwerken integriert, die Ihnen nun ebenfalls zugänglich sind. Dieser Vorgang ist vergleichbar mit dem einer indischen Geschichte: Ein indischer König wollte einen seiner Untergebenen belohnen. Er fragte ihn, was er sich wünsche. Der Mann, ein cleverer Bursche, nahm ein Schachbrett und legte ein Reiskorn auf ein Eckfeld und sagte, er wünsche sich nichts anderes, als dass der König ihm jeweils das Doppelte an Reiskörnern geben solle als auf dem Feld zuvor. Das bedeutet: auf das erste Feld 2° = 1, dann 21 = 2, dann 22 = 4 usw. – Ich weiß nicht, ob der König zustimmte, denn er hätte derartig viele Reiskörner einfach nicht aufteilen können, selbst auf der ganzen Welt nicht. Doch was dem König zum Nachteil gereichte, wird für Sie zum Vorteil, wenn Sie als Netzwerkerin bzw. Netzwerker diese Potenzregel beispielsweise bei der Suche nach einem neuen Arbeitsplatz kennen und nutzen. Sie knüpfen Kontakte, von denen Einzelkämpfer nur träumen können!

Als Erstes lohnt es sich, eine (Excel-)Liste mit Namen und Adressen aller Leute, die man so kennt, zu erstellen und bezüglich der Netzwerkmöglichkeiten einzuschätzen. Da dies eine zeitintensive Tätigkeit ist, wählen Sie dafür ein ruhiges Wochenende, an dem Sie es sich gemütlich machen.

Netzwerk aufbauen

1. Schreiben Sie die Namen auf.

- aller Verwandten, zu denen Sie Kontakt haben bzw. Kontakt haben möchten
- aller Menschen, mit denen Sie im Beruf Kontakt haben
- aller Händler, bei denen Sie einkaufen
- oder, wenn Sie selbstständig sind, bei wem Sie bestellen
- aller Dienstleister, deren Dienste Sie in Anspruch nehmen, wie Ärzte, Banken, Versicherungsvertreter, Reisebüros, Gaststätten, Fitnesscenter

Ergreifen Sie die Initiative

2. Durchsuchen Sie Kontakte in Ihrem Smartphone, in Outlook, ebenso alte Adressbücher und Terminkalender, soweit sie noch vorhanden sind.

3. Als Nächstes schauen Sie, wo Sie überall Visitenkarten aufgehoben haben. Vielleicht haben Sie sogar Visitenkartenordner. Wenn nicht, dann sollten Sie sich welche kaufen oder schenken lassen, denn sie sind wirklich praktisch zum Aufheben der Visitenkarten. Sie können sich aber auch eine App herunterladen und die Visitenkarten einscannen. Dies hat den Vorteil, dass Sie die Kontaktdaten ab jetzt immer dabeihaben und auf sie zurückgreifen können.

4. Legen Sie auch Fotoalben bereit. Darin finden Sie Hinweise auf Personen, die Sie inzwischen aus den Augen verloren haben. Vielleicht suchen Sie auch auf Facebook, XING oder LinkedIn.

5. Vielleicht haben Sie noch einen Ordner mit persönlichen Briefen und sogar Tagebücher.

6. Vergessen Sie nicht, eine Liste aller Vereine und Organisationen aufzustellen, in denen Sie Mitglied sind. Vielleicht entschließen Sie sich bei dieser Gelegenheit auch, aus dem einen oder anderen Verein auszutreten, wo Sie nur noch als „Karteileiche" präsent sind. Die dazugehörigen Mitgliederlisten sind es dagegen oft wert, dass man Sie diagonal im Hinblick auf Netzwerkmöglichkeiten durchforstet.

7. Schreiben Sie die Organisationen auf, an die Sie spenden.

Praxis-Tipp:

Bevorzugen Sie Spenden-Organisationen, zu denen Sie einen persönlichen Kontakt haben, wo man Sie kennt. Etwa, wenn in der Schule die Eltern spenden sollen, damit Schließfächer angebracht werden, in denen die Kinder schwere Bücher oder einen Motorradhelm unterbringen können. Oder wenn Sie eine Vereinszeitschrift mit einer Anzeige unterstützen, dann hat der Verein etwas davon und Sie auch.

Nun gönnen Sie sich ein paar Stunden, in denen Sie sich entspannen und Ihr Leben Revue passieren lassen. Versuchen Sie vor allem, sich an die Menschen zu erinnern, die Ihnen mal etwas Gutes getan haben oder umgekehrt.

So bauen Sie Ihr Netzwerk auf

Zunächst sollten Sie Ihre Kontakte mit allen relevanten Daten in Ihrem Smartphone oder Handy speichern. Bei der Wahl eines sozialen Netzwerks sollten Sie sich für dasjenige entscheiden, das Sie hauptsächlich nutzen werden. Ich habe mich für XING entschieden. Hier wird Ihnen, genauso auch bei den anderen sozialen Netzwerken, viel Arbeit abgenommen, da Ihre Kontaktpersonen selbst schon mehr oder weniger viele Angaben gemacht haben, die Sie gegebenenfalls noch ergänzen.

Notieren Sie immer den letzten Kontakt

Notieren Sie zukünftig bei wichtigen Kontakten, wann und in welcher Form diese erfolgten. Lief der Kontakt beispielsweise über XING, passiert das automatisch. Da Smartphones inzwischen über eine Spracherkennungssoftware verfügen, müssen Sie diese Informationen noch nicht einmal eintippen, sondern können sie einfach aufsprechen.

Wenn Sie persönliche Details speichern, können Sie andere damit überraschen. So sollten Sie als Gastgeber genau wissen, wer Vegetarier ist, damit Sie ihm oder ihr nicht ein saftiges Steak servieren, oder wer gegen was allergisch ist, etwa Tomaten, damit Sie darauf achten können, dass in den servierten Speisen keine Tomaten verarbeitet worden sind. Sie werden feststellen, dass Menschen immer wieder angenehm überrascht sind, wenn Sie so etwas wissen und darauf Rücksicht nehmen. Bei XING gibt es die Möglichkeit, zu seinen Kontakten entsprechende Notizen hinzuzufügen.

Ergreifen Sie die Initiative

Notieren Sie die Geschenke

Notieren Sie sich auch, welche Geschenke Sie wem machen. Ich praktiziere das, nachdem ich einmal einer Person zweimal das gleiche Buch geschenkt habe und mir damit einen vorwurfsvollen Gesichtsausdruck einhandelte. Ich notiere mir immer schon das ganze Jahr über Geschenkideen und kaufe auch Geschenke, damit ich mir kurz vor einem entsprechenden Anlass nicht stundenlang darüber den Kopf zerbrechen muss, was passend wäre, um dann noch in etlichen Geschäften danach zu suchen. Für Notfälle habe ich sogar immer einige bereits eingepackte Geschenke vorrätig, die vielleicht nicht immer ins Schwarze treffen, jedoch immer gern angenommen werden.

Kontaktpflege gehört dazu!

Seien Sie immer gut erreichbar 80
Organisieren Sie Netzwerk-Treffen 80
Visitenkarten immer griffbereit haben 82
Netzwerker haben kein Problem,
andere um etwas zu bitten 86
Sich immer wieder in Erinnerung bringen 87

Seien Sie immer gut erreichbar

Sorgen Sie als Netzwerker dafür, dass Sie auch privat für andere gut erreichbar sind, etwa über ein Festnetz- und Mobiltelefon. Eine persönliche E-Mail-Adresse versteht sich von selbst. Für Freiberufler ist eine eigene Homepage ein Muss. Der Aufwand für die Erstellung und Pflege wird zwar zeitlich und kostenmäßig immer aufwendiger, lohnt sich aber. Ein Anrufbeantworter ist zwar kein Ersatz für einen persönlichen Kontakt, doch freue ich mich immer, wenn ich zumindest eine Nachricht hinterlassen kann und nicht x-mal anrufen muss, um die gewünschte Person zu erreichen. Mit Rufumleitung von Ihrem Festnetzanschluss zu Ihrem Handy sind Sie auch für Leute erreichbar, die versucht haben, Sie zu Hause zu erreichen. Ich finde es übrigens wichtig, von einem Anrufbeantworter nicht nur die gewählte Nummer zu erfahren, sondern auch den Namen des Besitzers. Ansonsten kann es leicht passieren, dass eine Nachricht auf dem AB landet, die gar nicht für diese Person gedacht war. Das kann im Nachhinein Ärger geben oder peinlich werden.

Natürlich kann es manchmal lästig sein, wenn irgendjemand von irgendwoher Ihre Telefonnummer hat und Sie gleich frühmorgens „zulabert". Doch wenn Sie überlegen, wie oft das vorkommt, lässt sich dies mit Fassung ertragen. Verzichten Sie in so einem Fall auf das motivierende und zur Fortsetzung ermunternde „Hm, hm" oder „Ach, wirklich", dann merkt der andere meist, dass Sie gerade nicht gesprächsbereit sind.

> **Praxis-Tipp:**
>
> Eine schöne Formulierung, mit der Sie das Ende eines Gesprächs einleiten können: „Bevor wir das Gespräch beenden, gibt es noch Punkte, die Sie besprechen möchten?"

Organisieren Sie Netzwerk-Treffen

Das wertvollste Geschenk, das Sie einem Menschen machen können: Schenken Sie ihm Zeit! Zeit ist das einzige Gut, das sich nicht vermehren lässt. Deshalb ist es notwendig, sich genau zu über-

Organisieren Sie Netzwerk-Treffen

legen, was man in der einem zur Verfügung stehenden Zeit macht. Sie können sich etwa am Wochenende, wenn Sie müde und erschöpft sind, im Fernsehen einen Film nach dem anderen anschauen, Sie können sich jedoch auch in einen gemütlichen Sessel setzen, vielleicht noch eine Tasse duftenden Kaffee oder Tee neben sich stehen haben und einige Freunde und Bekannte anrufen oder zu sich einladen. Das ist mindestens genauso entspannend wie vor dem Fernsehapparat zu sitzen, bringt Ihnen persönlich jedoch mehr ein. Deshalb „opfern" Sie keine wertvolle Zeit für das Netzwerken, sondern Sie investieren Zeit in Beziehungen, die vielleicht einmal für Sie persönlich oder beruflich nützlich sind.

> **Praxis-Tipp:**
> Überprüfen Sie anhand Ihres Terminkalenders, wie viel Zeit Sie mit Angehörigen, Freunden, Bekannten und Arbeitskollegen in etwa verbracht haben. Und fragen Sie sich, ob das Verhältnis, aus der Netzwerkperspektive betrachtet, richtig ist. Wenn nicht, ändern Sie es!

Überlegen Sie sich, welche Kontakte für Sie je nach Ziel besonders wichtig wären und wie Sie zu diesen Kontaktpersonen mittels anderer Personen gelangen könnten.

Nehmen Sie die Netzwerkpflege genauso ernst wie berufliche Verpflichtungen. Denken Sie nicht, dass berufliche Verpflichtungen in jedem Fall Vorrang haben!

Wenn Sie jetzt jammern und meinen, Ihre Wohnung sei nicht repräsentativ genug, dann ist das keine Ausrede. Ich bekomme hin und wieder Einladungen von Freunden und Verwandten zu Geburtstagen, Jubiläen oder anderen Anlässen und man trifft sich in einem gemütlichen Restaurant. Vorteil ist: Man muss kein schlechtes Gewissen haben, wenn man nach dem Essen nicht in der Küche beim Aufräumen hilft.

Wenn es in Ihrer Wohnung möglich ist, dann können Sie eine Form wählen, die nicht mit viel Aufwand verbunden ist und trotzdem eine gute Netzwerkmöglichkeit bietet. Eine Bekannte von mir lädt alljährlich am 1. Advent zum Adventskaffee. Das ist inzwischen

Kontaktpflege gehört dazu!

Tradition geworden. Was muss man machen, außer Kaffee und Tee zu kochen und für Getränke zu sorgen? Nicht viel, denn Weihnachtsgebäck wird mitgebracht.

Warum nicht auch die Idee der Literatursalons, die im 19. Jahrhundert von Damen der Gesellschaft betrieben wurden, in einer zeitgemäßen Form wiederbeleben?

Ein Netzwerk lebt davon, dass sich die Mitglieder untereinander persönlich austauschen können, und deshalb sollten die Kontakte untereinander gefördert werden.

Praxis-Tipp:
Hier ein Tipp, wie Sie ein solches Treffen preiswert gestalten können. Sie brauchen solche Treffen nämlich nicht in Ihrem Heim mit entsprechender Bewirtung veranstalten, organisieren Sie stattdessen eine Wanderung mit anschließender Einkehr in einer gemütlichen Wirtschaft, wo jeder sein Essen selbst zahlt.

Visitenkarten immer griffbereit haben

Gerade im beruflichen Umfeld macht es einen äußerst unprofessionellen Eindruck, wenn Sie keine eigenen Visitenkarten haben. Deshalb ist das Erste, was Sie zum Netzwerken brauchen, eine Visitenkarte, die zu Ihnen passt. Es kann eine Firmenvisitenkarte sein. Manchmal lohnt es sich jedoch, eine persönliche Visitenkarte drucken zu lassen.

Was sollten Sie beim Erstellen einer eigenen Visitenkarte beachten?

Ob Sie neben der Geschäftsadresse Ihre Privatadresse angeben, sollten Sie nach Zweckmäßigkeit entscheiden. Es ist heute auch bei Frauen durchaus üblich, neben der Geschäftsadresse die Privatadresse anzugeben. Vielleicht haben Sie auch je nach Beruf unterschiedliche Visitenkarten.

Visitenkarten immer griffbereit haben

Beauftragen Sie eine gute Grafikerin oder einen guten Grafiker und zeigen Sie die Entwürfe guten Freunden. Wichtig ist, dass Ihre Visitenkarte zu Ihnen und Ihrem Beruf passt. Mir gefällt immer sehr gut, wenn auf der Visitenkarte ein Foto dieser Person zu sehen ist. Dann kann ich mich besser an sie erinnern. Von einem Menschen mit einem künstlerischen Beruf erwarte ich eher eine originelle Visitenkarte als von einem Steuerberater. Häufig auf Visitenkarten zu sehen sind mittlerweile auch QR-Codes, über die man auf eine Homepage gelangt. Es ist zwar heute an vielen großen Bahnhöfen und Flughäfen möglich, sich für wenig Geld Visitenkarten ausdrucken zu lassen. Doch sollte das wirklich nur eine Notlösung sein, wenn Sie Ihre eigenen vergessen haben sollten. Es macht jedoch auf jeden Fall einen besseren Eindruck, als ohne Visitenkarte zu erscheinen.

Wie Sie mit Visitenkarten richtig umgehen

Da es in Ihrem Interesse ist, dass Ihre Visitenkarte aufgehoben wird, hier einige Ideen, wie Sie das unterstützen können.

Beispiele:

- Auf der Rückseite der Visitenkarte eines Weinhändlers waren die besten Weinjahrgänge der letzten zehn Jahre aufgeführt.
- Bei einem Büroausstatter war auf der Rückseite ein kleiner Jahreskalender abgedruckt.
- Bei einem Adressenhändler waren wichtige Telefonnummern für Auskünfte jeglicher Art aufgeführt.
- Ein Rhetoriktrainer hat Visitenkarten, auf denen auf der Rückseite einer der Sprüche ist, die er öfter im Seminar „predigt", etwa: „Wer nicht kämpft, hat schon verloren."

Ich versehe erhaltene Visitenkarten immer mit Notizen, wann und wo ich diese Person kennengelernt habe und was ich als Information für noch besonders wichtig erachte. Je nach Bedeutung lege ich sie bei dem Anlass, wo ich die Person kennengelernt habe – beispielsweise einer Tagung – ab, denn dort würde ich sie am ehesten

Kontaktpflege gehört dazu!

suchen. Oder ich speichere die Daten in meinem Smartphone und sehe nach, ob die Person auf XING ist und vernetze mich mit ihr. Je nachdem, was Sie alles gespeichert haben, können Sie die Person noch nach einigen Jahren persönlich ansprechen: „Als wir uns damals auf der Tagung kennenlernten, hatten Sie einen kleinen Dackel, wie geht es ihm denn?", oder: „Sie brachten mich damals in einem exklusiven weinroten Sportwagen zum Bahnhof, fahren Sie ihn noch?" Ihr Gegenüber wird sicher erstaunt sein und sich zugleich geschmeichelt fühlen, wenn Sie sich an solche Details erinnern.

Wann soll die Visitenkarte überreicht werden?

Am Anfang oder lieber am Ende eines Gesprächs oder zwischendurch? Hier kann ich nur sagen: Es kommt darauf an.

Wenn Sie mit einer anderen Person relativ früh im Rahmen eines Gesprächs Visitenkarten austauschen, wissen beide genauer, mit wem sie es zu tun haben. Deshalb ist ein frühes Austauschen von Visitenkarten meist nur im geschäftlichen Umfeld angebracht, etwa auf einer Messe. Bei einer privaten Einladung ist es oft eine nette Geste am Schluss eines Gesprächs, weil Sie damit zum Ausdruck bringen, dass Sie gern den Kontakt weiter pflegen möchten. Achten Sie jedoch in Ihrem Interesse darauf, dass es zum Netzwerken nicht genügt, lediglich Visitenkarten auszutauschen, es muss vor allem ein persönlicher Kontakt aufgebaut werden. Dazu mehr bei „Small Talk üben" auf Seite 60.

Was tun, wenn Sie Ihre Visitenkarten vergessen haben oder sie Ihnen gerade ausgegangen sind und jemand bietet Ihnen seine an? Selbstverständlich nehmen Sie sie trotzdem an. Sie können Ihren Namen und Ihre Adresse auch auf eine von seinen Karten schreiben oder ihm eine Visitenkarte mit einem freundlichen Gruß zuschicken. Das hat sogar den Vorteil, dass Sie sich noch einmal in Erinnerung bringen. Im Übrigen: Selbst wenn Sie Visitenkarten ausgetauscht haben, sollten Sie trotzdem ein Kärtchen oder eine E-Mail mit folgenden Worten hinterherschicken, vielleicht im Zusammenhang mit einem für diese Person interessanten Artikel oder Link zu einer entsprechenden Homepage oder Information:

Visitenkarten immer griffbereit haben

Sehr geehrter Herr Mayer,

gern erinnere ich mich an das anregende Gespräch mit Ihnen über die Gewinnung von Ölschiefer. Gestern entdeckte ich einen unser Thema vertiefenden Zeitungsartikel. Vielleicht ist er von Interesse für Sie.

Mit freundlichen Grüßen

Wollen Sie Erstkontakte in geschäftliche oder private Beziehungen umwandeln, dann ist dies ein absolutes Muss! Es ist empfehlenswert, dies innerhalb weniger Tage nach dem Erstkontakt zu tun, bevor die andere Person Sie vergessen hat.

Achtung: Noch kurz etwas zu einer Unart: Man erhält eine Visitenkarte, wirft einen flüchtigen Blick darauf und lässt sie schnell verschwinden. Machen Sie genau das Gegenteil! Schauen Sie die Visitenkarte eines anderen Menschen genau an und sprechen Sie irgendetwas lobend an oder fragen Sie nach Details, etwa wenn eine Abteilungsbezeichnung darauf steht, mit der Sie nichts anfangen können oder eine interessant klingende Berufsbezeichnung. So merkt Ihr Gegenüber, dass Sie Interesse an ihm oder ihr haben und wird es Ihnen gern erklären.

Visitenkarten immer annehmen!

Noch schlimmer ist es jedoch, wenn Sie eine Visitenkarte, die Ihnen jemand überreichen will, zurückweisen. Mir ist dies einmal bei einem Flug von Stuttgart nach Graz passiert. Ich entdeckte zu Beginn des Fluges, dass neben mir, nur durch den Mittelgang getrennt, ein Professor saß, bei dem ich immer gern studiert hatte. Ich war hocherfreut, als er mich sogar erkannte, und wir unterhielten uns während des ganzen Fluges sehr angeregt. Als die Maschine in Wien zwischenlandete, wo er aussteigen musste, wollte ich ihm meine Visitenkarte geben. Er wies sie jedoch mit den Worten zurück, dass er dafür keine Verwendung hätte und er sie sowieso nur wegwerfen würde. Ich reagierte zwar schlagfertig mit: „Sie sind ja wirklich sehr umweltbewusst!" Doch da ich mich heute noch an diesen Vorfall erinnere, können Sie erkennen, dass es wirklich rücksichtsvoller ist, eine Visitenkarte entgegenzunehmen und sie später in den Papierkorb zu werfen, als sie zurückzuweisen.

Kontaktpflege gehört dazu!

Netzwerker haben kein Problem, andere um etwas zu bitten

Ich kenne Menschen, die aus Angst vor einem „Nein" Probleme haben, jemanden um etwas zu bitten. Je nachdem, um was es sich handelt, gehöre ich auch dazu. Manchmal ist es nur der erste Satz, der mir fehlt, denn die übliche Formulierung: „Herr Müller, ich hab da ein Problem, könnten Sie mir vielleicht helfen?", ist nicht die beste. Vielleicht denkt Herr Müller jetzt: „Du meine Güte, was hat sie denn jetzt schon wieder für ein Problem!" Besser ist hier schon der Einstieg mit: „Herr Müller, ich brauche Ihre Unterstützung." Jetzt fühlt er sich geschmeichelt und hört zu, wenn Sie ihm schildern, wofür Sie seine Hilfe brauchen.

Nachhaken bei verschickten Angeboten ist ebenfalls etwas, was ein klein wenig Überwindung kostet. Und deshalb bin ich jedes Mal stolz auf mich, wenn ich nachhake, auch auf das Risiko hin, dass mir gesagt wird, man hätte sich für einen anderen Trainer entschieden. Ebenso habe ich schon erlebt, dass man sich über meinen Anruf gefreut hat, weil es manchmal geradezu erwartet wird, dass man bei einem Angebot nachhakt.

Praxis-Tipp:

Gewöhnen Sie sich an, dass grundsätzlich kein Kontakt von Ihrer Seite beendet wird. Wenn Sie von jemandem auf eine E-Mail, einen Brief oder einen Anruf hin nichts hören, können Sie natürlich die beleidigte Leberwurst spielen, doch ist es meist besser, hier für Klarheit zu sorgen, warum die andere Person offensichtlich nicht an weiteren Kontakten interessiert ist, oder generell zu erfahren, warum der Kontakt abgebrochen ist.

Sich immer wieder in Erinnerung bringen

Nette Idee eines Adressenhändlers: Wenn ihm ein flotter Spruch auffällt, scannt oder fotografiert er ihn einfach und mailt ihn spontan an diejenigen, von denen er meint, dass ihnen der Spruch gefällt. So gefiel mir folgender Spruch sehr gut: „Für jede Minute, die man lacht, verlängert sich das Leben um eine Stunde." (Chinesische Weisheit)

Geburtstags- und Weihnachtskarten sind von nun an ein Muss!

Ich war früher in dieser Beziehung eher ein Geburtstagsmuffel. Doch wenn Sie die Geburtstage aller Menschen, denen Sie gratulieren möchten, elektronisch gespeichert haben, erinnert Sie Ihr Smartphone an die Geburtstage. Ähnlich ist es bei XING; auch dort werden Ihnen die Geburtstage Ihrer Kontakte angezeigt, sofern diese sie eingegeben haben.

Natürlich können Sie ihnen per E-Mail gratulieren und vielleicht sogar noch eine schöne Karte aus dem Netz herunterladen und anfügen. Persönlicher ist aber immer noch eine Karte, die Sie mit der Post verschicken.

Darüber hinaus sind auch Urlaubsgrüße eine Möglichkeit, Kontakte zu pflegen. Wie sehr dies manche Menschen schätzen, erkennen Sie daran, dass die Wände vieler Arbeitsplätze mit solchen Grüßen dekoriert sind! Glauben Sie deshalb bitte nicht, dieser Brauch wäre altmodisch.

Wichtig: Damit die andere Person Ihre persönliche Wertschätzung spürt, sollte die Karte immer einen Bezug zu der anderen Person herstellen, zum Beispiel eine Urlaubskarte: „Nachdem Sie mir schon öfter Miami empfohlen haben, bin ich froh, Ihren Rat befolgt zu haben: Es ist wirklich toll hier. Vielen Dank!"

Kontaktpflege gehört dazu!

> **Praxis-Tipp:**
> Besondere Aufmerksamkeit wird Ihre Karte bekommen, wenn Sie sie zu einem unüblichen Anlass verschicken. Ich hatte von einer Malerin sehr viele Karten mit einem blühenden Kirschbaum geschenkt bekommen. Mich erinnerte dieses Motiv spontan an den Frühling. Und was habe ich gemacht? Ich habe im Frühling alle Karten mit einem persönlichen Gruß versehen und an Bekannte und Geschäftspartner verschickt.

Wie Sie Kontakte in Beziehungen umwandeln

Treten Sie in Vorleistung 90
Seien Sie einfach ein netter Mensch 91
Erfüllen Sie anderen Menschen Bitten 91

Treten Sie in Vorleistung

Wenn Sie Mitglied in einem realen oder Online-Netzwerk sind oder Ihr eigenes aufbauen, fragen Sie sich nicht sofort: „Wie viel profitiere ich von dem Netzwerk?", sondern zuerst einmal: „Was kann ich anderen bieten, was macht mich für andere interessant?". Schielen Sie bitte nicht darauf, was Sie von anderen dafür gegebenenfalls bekommen könnten, sondern seien Sie ein hilfsbereiter Mensch. Ich garantiere Ihnen, es zahlt sich aus, und sei es auch nur in der Gewissheit, Freunde zu gewinnen, auf die Sie im Ernstfall zurückgreifen können.

> **Beispiel:**
> Meine Freundin Barbara war einige Jahre mit einem wohlhabenden Unternehmer liiert. Als er einmal völlig betrunken war, riss sie ihn zurück, als er – ohne zu schauen – fast in ein vorbeifahrendes Auto gelaufen wäre. Die Beziehung ging zwar wenig später in die Brüche, doch die Freundschaft blieb. Sie hat jetzt für ihr mutiges Eingreifen sein Versprechen, dass sie bei finanziellen oder anderen Schwierigkeiten bei ihm jederzeit ein offenes Ohr finden wird.

Es geht prinzipiell nicht darum, ob sie diese Hilfe je in Anspruch nehmen wird, sondern darum, dass es ein wunderbares Gefühl ist, auf dieser Welt nicht allein dazustehen, wenn es einem einmal schlecht geht.

> **Praxis-Tipp:**
> Seien Sie hilfsbereit, wo immer Sie können. Denn erfahrungsgemäß kann man sich nicht auf alle Menschen, selbst wenn man ihnen einst aus der Patsche geholfen hat, in der Not verlassen.

Seien Sie einfach ein netter Mensch

Ein Beispiel aus dem Geschäftsleben: An einem Wochenende streikte mein PC. Noch am Sonntagnachmittag sprach ich Herrn Falkert, der mir schon öfter bei PC-Problemen behilflich gewesen war, auf seinen Anrufbeantworter, mit der Bitte, möglichst schnell bei mir vorbeizuschauen. Bereits am Sonntagabend kam er bei mir vorbei. Ich war ihm dafür so dankbar, dass daraus gleich ein größerer Auftrag wurde. Denn wir benötigten in meiner Firma einen leistungsfähigeren Server. Diesen Auftrag hätte auch der PC-Händler am Ort bekommen können. Da ich mit diesem aber schlechte Erfahrungen gemacht hatte, entschied ich mich anders. Ich denke, Sie würden genauso reagieren. Es lohnt sich also, jemandem einen Gefallen zu tun, selbst wenn nicht immer gleich ein größerer Auftrag folgt. Es geht einfach darum, sich solche Verhaltensweisen zur Gewohnheit zu machen, denn irgendwann zahlt es sich aus.

„Deine Feinde bleiben dir treu, doch deine Freunde selten."

Niccolò Machiavelli

Praxis-Tipp:
Jeden Tag eine gute Tat!, so eine alte Pfadfinderregel.

Erfüllen Sie anderen Menschen Bitten

Erfüllen Sie anderen Menschen – wenn möglich – Bitten. Denn viele kostet es Überwindung, jemanden um einen Gefallen zu bitten, etwa, sich zum Bahnhof fahren zu lassen. Wenn es tatsächlich nicht gehen sollte, setzen Sie sich bei anderen dafür ein, dass diese Person von jemandem mitgenommen wird.

Wie Sie Kontakte in Beziehungen umwandeln

Beispiel:

Eine Kollegin bittet Sie, ihr Unterlagen einer Tagung zuzuschicken, bei der Sie anwesend waren. Denken Sie bitte nicht, ach, das hat Zeit, das mache ich in vier Wochen, da habe ich Luft für so etwas (Unwichtiges). Bitte nicht! Erledigen Sie es genauso schnell wie eine geschäftliche Anfrage. Damit prägen Sie sich bei der anderen Person doppelt positiv ein, zum einen, weil Sie die Unterlagen tatsächlich schicken (viele vergessen so etwas!), und zum anderen zeigen Sie ihr, dass Sie sie wichtig nehmen!

Netzwerken mit Kunden

Kundeninformationen	94
Social Sponsoring	95
Veranstaltungen für Kunden	95
Räumen Sie Rabatte ein	96
Lernen Sie Ihre Kunden kennen	96
Kleine Geschenke erhalten die Freundschaft	97
Sich bedanken	98
Um Empfehlungsschreiben bitten	100

Kundeninformationen

Kundenbindung ist in aller Munde. Da Kunden von heute tatsächlich anspruchsvoller sind als früher, lohnt es sich, falls Sie ein Unternehmen führen, im Dienstleistungsgewerbe tätig sind oder ein Einzelhandelsgeschäft besitzen, intensiv darüber nachzudenken, was Sie Ihren Kunden Besonderes bieten können. Denn selbst zufriedene Kunden sind – wie sich bei Umfragen herausstellte – nicht immer treue Kunden.

Eine Finanzdienstleisterin in Frankfurt am Main gibt in unregelmäßigen Abständen eine vierseitige Broschüre heraus, in der sie ihre Kunden und potenzielle Kunden mit relevanten Informationen versorgt, etwa besonders attraktive Anlagemöglichkeiten, aber auch Steuertipps, Seminartipps, Buchempfehlungen und eingestreute Witze! Sie verschickt ihre Broschüre bewusst per Post, da sie davon ausgeht, dass sie eher durchgeblättert wird als ein Newsletter, den man per E-Mail erhält. Ein solcher lässt sich schnell ungelesen wegklicken, wandert in den Papierkorb oder per Regel in einen Newsletter-Ordner, der nur selten aufgerufen wird.

Ein Adressenhändler faszinierte mich vor einiger Zeit mit der interessanten Möglichkeit, Kontakte über einen „Mittelsmann" zu knüpfen: der Dreierkonferenzschaltung. Damit lassen sich von Ihnen, dem Kontakter, zwei Menschen, die sich bisher noch nicht kannten, miteinander ins Geschäft bringen. Allerdings sollte man zuvor beide per Telefon oder E-Mail fragen, ob dies auch gewünscht wird.

Beispiel:

Unser Adressenhändler rief an, weil er ein Kundenmailing von uns verbesserungswürdig fand. Darüber hinaus bot er Hilfe an und fragte, ob er einen Bekannten von ihm, einen namhaften Werbetexter, zu unserem Telefonat dazuschalten dürfe. Das gefiel mir, denn so musste ich mich nicht selbst um den Kontakt bemühen. Nachdem er uns in der Weise zusammengebracht hatte, klinkte er sich aus, und ich verhandelte anschließend mit dem Werbetexter allein.

> **Praxis-Tipp:**
> Seien Sie in Ihrem Netzwerk Kontakter. Entdecken Sie dazu die Vorteile einer Dreierkonferenzschaltung. Wenn Sie nämlich zwei Menschen miteinander ins Geschäft bringen, haben Sie später zwei Personen, die Ihnen dankbar sind.

Social Sponsoring

Ich kenne eine Unternehmensberaterin, die hin und wieder einen Rundbrief schreibt, in dem sie zu Spenden für ganz konkrete menschliche Hilfeleistung aufruft, etwa die Finanzierung eines behindertengerechten Arbeitsplatzes, damit eine querschnittsgelähmte Frau wieder berufstätig sein kann. Da ich seit vielen Jahren mit ihr befreundet bin, weiß ich, dass es ihr eine Herzensangelegenheit ist. Und dennoch sind solche Aktionen für sie auch von beruflichem Nutzen.

Was sind die Vorteile dieses Vorgehens? Zum einen hat sie einen Grund, alle ihre Kunden und Interessenten anzuschreiben, des Weiteren macht ein Mensch, der sich für andere sozial engagiert, einen guten Eindruck, und so ist es nur allzu verständlich, wenn man einem solchen Menschen gern einen Auftrag gibt.

Veranstaltungen für Kunden

Starten Sie ab und zu ein Event. Ein Event unterscheidet sich ganz erheblich von einer Party, auf der sehr viel dem Zufall überlassen wird. Ein Event ist eine gut strukturierte Veranstaltung, bei der Information und emotionaler Austausch verknüpft werden. Das Zauberwort heißt „InfoMotion". Das kann sein: Einführung eines neuen Produktes, eine Einladung zu einem Unternehmensjubiläum, Einweihung neuer Büroräume usw. Eine sehr diskrete Art ist das Sponsern einer solchen Veranstaltung, zu der Sie auch Ihre Kunden einladen. Bei dieser Gelegenheit können Sie unverbindlich neue Kontakte knüpfen und alte vertiefen.

Sie können Ihr Netzwerk nutzen und ein solches Event auch zusammen mit anderen Unternehmen gestalten, die die gleiche

Netzwerken mit Kunden

Zielgruppe haben wie Sie, zum Beispiel Eltern. Gestalten Sie einen Spieletag. Die entsprechenden Spielgeräte und Kinderbetreuerinnen werden von den beteiligten Unternehmen gesponsert. Die Eltern haben dann Zeit, sich an den Ständen der Aussteller zu informieren, etwa über eine Elternzeitschrift, ein neues Kinderbetreuungsmodell, ein Hotel für Kinder, Kinderbekleidung usw. Selbst ein Zoogeschäft könnte vertreten sein, das Eltern hilft, für ihr Kind das richtige Haustier zu finden. Auch Vorträge über die richtige Ernährung oder Erziehung werden sicher gern besucht.

Interessant für Unternehmen, die Mitarbeiter einstellen oder Kunden gewinnen wollen, sind „Karrieretage", „WoMen CONNEX", „women&work" oder „Career Days". Solche Veranstaltungen werden von den Ausstellern gesponsert. Die Besucher können eine kostenlose berufliche Kurzberatung nutzen oder sich interessante Vorträge anhören.

Räumen Sie Rabatte ein

Eine Freundin erzählte mir, dass ihr der Bürohändler schon seit Jahren auf alle Büroartikel einen Rabatt von 10 Prozent einräume. Vielleicht war ihm aufgefallen, dass sie eine Zeit lang wegblieb. Sie bestellte ihre Büroartikel nämlich über einen sehr preiswerten Versandhandel. Als sich jedoch bei ihr das Verpackungsmaterial im Keller stapelte, kehrte sie reumütig für kleinere Mengen zu ihrem Bürohändler zurück. Nun ist sie eine treue Kundin, die auch von dem Konkurrenzgeschäft um die Ecke nicht abgeworben werden kann.

Lernen Sie Ihre Kunden kennen

Nutzen Sie jede Chance, mehr über Ihre Kunden zu erfahren. Denn jeder Mensch braucht Beachtung. William James, ein amerikanischer Psychologe, sieht im Beachtetwerden eine Hauptantriebskraft menschlichen Handelns. Wenn man sich überlegt, was Menschen im Positiven wie im Negativen alles anstellen, nur um beachtet zu werden, leuchtet diese These ein.

Die Mode etwa lebt davon, dass sie Menschen die Chance gibt, mit ihrer Hilfe aufzufallen. Denken Sie nur an Miniröcke, High Heels oder lila Haare. Auch Männer können sich mit einem Pferdeschwanz ode einer auffälligen Tätowierung von anderen absetzen. Solange es sich um Äußerlichkeiten handelt, mit denen jemand nach Beachtung strebt, steigert das auf jeden Fall seinen Bekanntheitsgrad – ob in positivem oder negativem Sinne, hängt davon ab, bei wem er oder sie auffallen will.

> **Praxis-Tipp:**
> Wenn Sie in Ihrem Beruf Kundenkontakt haben, können Sie einem Menschen fast keinen größeren Gefallen tun, als ihn als Menschen zu beachten.

> **Beispiel:**
> Als ich vor einiger Zeit bei einer Tankstelle, bei der ich hin und wieder tanke, auftauchte, begrüßte mich der Tankwart mit den Worten: „Stand nicht neulich ein Bericht über Sie in den Stuttgarter Nachrichten?" Ich strahlte, weil ich im Nachhinein erkannte, dass er mich offensichtlich schon vorher als „Mensch" registriert hatte. Seitdem tanke ich viel öfter dort, und wir halten auch schon mal ein kurzes Schwätzchen.

Kleine Geschenke erhalten die Freundschaft

Damit sind nicht die Werbegeschenke – wie etwa ein Radiowecker – gemeint. Diesen durfte ich sogar behalten, obwohl ich das im Online-Shop bestellte Kostüm wieder zurückgeschickt habe. Gemeint ist auch nicht die Werbeprämie, die Sie erhalten, wenn Sie jemand anderen dazu bringen, die gleiche Zeitung zu abonnieren wie Sie.

Ich denke hier an Geschenke, die speziell für eine Person ausgesucht wurden. Ich bringe bisweilen zu Akquisitionsgesprächen ein Buch von mir oder eine Audio-CD mit. Natürlich merkt ein anderer Mensch, dass Sie ihm das Geschenk vielleicht nicht nur wegen seiner schönen blauen Augen machen, doch sollten Sie deshalb darauf verzichten? Nein! Denn in manchen Situationen gehört es zum Ritual, etwa bei Vertretern. Natürlich muss das Geschenk passend sein. Damit es nicht das übliche Buch, die Flasche Wein oder

Netzwerken mit Kunden

die Schachtel Pralinen sind, sollten Sie sich vorher, etwa bei Sekretärinnen, erkundigen, was denn angemessen wäre, und dann selbstverständlich auch gleich die Sekretärin fragen, worüber sie sich denn freuen würde. Erkundigen Sie sich bitte nach möglicherweise vorhandenen Compliance-Regeln, damit Sie das Geschenk nicht wieder mitnehmen müssen oder es an Sie zurückgeschickt wird. Achten Sie darauf, dass Sie das Geschenk in Ihrer Adressdatenbank vermerken.

> **Beispiel:**
>
> Eine Trainerin hospitierte in einem meiner Seminare, und sie schenkte mir als kleines Dankeschön eine Packung meiner Lieblingsteesorte, da sie beobachtet hatte, welche Teesorte ich in den Pausen trank.

Praxis-Tipp:

Ein Geschenk muss nicht immer etwas sein, was Sie kaufen, auch Informationen können ein äußerst wertvolles Geschenk sein. Wenn ich Zeitschriften lese, lese ich sie immer für andere mit und finde vielleicht einen Artikel, eine Werbung oder einen Seminarbericht, der für andere von Bedeutung sein könnte. Das kann auch nur ein Link zu einer interessanten Information oder Veranstaltung sein.

Sich bedanken

Es ist eigentlich eine Selbstverständlichkeit, sich zu bedanken, wenn einem ein Gefallen getan oder ein entscheidender Tipp gegeben wurde oder Sie dank einer Empfehlung einen Auftrag bekommen haben.

Wenn Ihnen der Auftrag einen hohen Umsatz beschert hat, kann als Dank auch eine Provision in Höhe von 10 Prozent angemessen sein. Sind Sie der Meinung, Geld sei unangebracht, kann es ebenso ein prächtiger Blumenstrauß sein. Selbst wenn es sich um einen Mann handelt, sind Blumen heute keineswegs unpassend.

Sich bedanken

Manchmal denkt man, dass ein persönlicheres Geschenk passender wäre. Wenn Sie diesen Gedanken jedoch verwerfen, weil Sie meinen, dass Ihnen ohnehin nichts einfällt, denken Sie an diese Person und fragen Sie sich, ob diese Ihnen nicht etwas über ihre Hobbys oder bestimmte Vorlieben erzählt hat. Und siehe da, auf einmal fällt Ihnen ein, dass diejenige gern kocht. Selbst wenn sie sicher schon Kochbücher hat, kaufen Sie trotzdem eines, am besten eine Neuerscheinung, um sicher zu sein, dass sie es noch nicht besitzt. Das Gleiche gilt für andere Hobbys, denn zu jedem Hobby gibt es eine Vielzahl von Büchern.

Dankeskarten

Wann haben Sie Ihre letzte Dankeskarte bekommen? Sie können sich nicht daran erinnern? Traurig, traurig. Doch Sie sind in guter Gesellschaft, anderen geht es genauso. Eigentlich schade, dass bei uns im Gegensatz zu den USA die Kultur des Verschickens von Dankeskarten wenig ausgeprägt ist. Natürlich bedankt man sich ab und zu bei Menschen, die einem etwas Gutes getan haben. Man spricht mit ihnen persönlich, man ruft sie an oder man schenkt ihnen etwas. Doch ein Kärtchen schreiben? Fehlanzeige. Deshalb fangen Sie an, Ihren Dank in dieser Form auszudrücken. Das kommt besonders gut an, weil man im Briefkasten nur noch selten einen persönlichen Brief findet.

> **Praxis-Tipp:**
> Kaufen Sie in einem einschlägigen Geschäft zwanzig wirklich geschmackvolle Karten mit Umschlag. Wenn Sie, was das anbelangt, unsicher sind, kaufen Sie Karten mit Gemälden von Monet, Picasso, van Gogh und ähnlich bekannten Malern. Es gibt auch Karten, auf denen das Wort „Danke" bereits aufgedruckt ist.

Was ist der Vorteil einer geschriebenen Karte gegenüber einem mündlichen Dankeschön? Nun, die betreffende Person kann die Karte auf ihren Schreibtisch stellen, und die Kolleginnen und Kollegen können sie bewundern. Oder man kann sie herumzeigen!

Und schließlich kann man sie aufheben und sich immer mal wieder daran erfreuen. So habe ich alle Dankesschreiben oder Gedichte, die ich von Seminarteilnehmern bekam, aufgehoben, und an manche Teilnehmerinnen und Teilnehmer erinnere ich mich deshalb sogar noch persönlich.

Anrufen, um sich zu bedanken

Neulich war ich zu einer Verabschiedung in den Ruhestand eingeladen. Zu der Mitarbeiterin, Frau B., hatte ich immer ein sehr gutes Verhältnis und bedauerte deshalb aufrichtig ihr Ausscheiden. Bei der Feier waren etwa 70 Gäste da, von vielen, u.a. von mir, bekam Frau B. ein Geschenk. Was mich wirklich beeindruckte, war, dass sie mich zwei Tage später anrief, um sich noch einmal persönlich für mein Kommen und das Geschenk zu bedanken. Das hat mir wirklich imponiert, und noch im Nachhinein wurde mir klar, warum sie im Unternehmen geachtet und auch sehr beliebt war, denn es sind solche Gesten, mit denen man sich Freunde schafft.

Das krasse Gegenteil davon erlebte ich bei einer großen Hochzeit mit über 100 Gästen vor einem halben Jahr. Bei der Hochzeit bedankte sich das Brautpaar zwar für das mitgebrachte Geschenk im Wert von 200 EUR. Doch auf dem Brautpaarfoto, das mir zwei Monate später zugeschickt wurde, war noch nicht einmal ein persönlicher Gruß vermerkt. Jetzt überlege ich, was der Grund für eine derart lieblose Reaktion gewesen sein könnte.

Um Empfehlungsschreiben bitten

Wenn Sie den Eindruck haben, dass Sie ganz besonders gute Arbeit geleistet haben, fragen Sie den Auftraggeber, ob er Ihnen eine Empfehlung schreiben würde. Dieser Bitte wird normalerweise zugestimmt, nur dauert es manchmal sehr lange, bis Sie es bekommen. Haben Sie deshalb keine Hemmungen, erneut nachzuhaken. Wenn das Empfehlungsschreiben nicht prompt erledigt wird, liegt es selten am mangelnden Willen, sondern meist daran, dass die betreffende Person nicht so genau weiß, wie sie das Schreiben formulieren soll. Liefern Sie in solchen Fällen einige inhaltliche Stichworte und Sie werden es schneller erhalten.

Netzwerken im Beruf

Netzwerk-Strategien 102
Machen Sie mit bei Projekten! 106
Kontakte zu den Medien aufbauen 109
Die Führungskraft als Netzwerker 110
Wie knüpfen Sie bei Tagungen Kontakte? 112

Netzwerk-Strategien

Man hat drei Möglichkeiten, um auf sich aufmerksam zu machen: erstens schriftlich, zweitens durch die Stimme und drittens durch den persönlichen Kontakt. Für Ihre Netzwerk-Strategie ist es wichtig zu erkennen, welcher „Kanal" für Sie der erfolgversprechendste ist, um diesen gezielt für Erstkontakte zu nutzen. Ich kenne Menschen, die am Telefon phantastisch wirken, dann ist klar, dass sie primär das Telefon nutzen. Andere wiederum schreiben tolle Briefe, und schließlich gibt es Menschen, die durch ihre Ausstrahlung überzeugend wirken. Man benutzt diese Kanäle allerdings noch nach einem anderen Kriterium, nämlich, wie nahe einem der Mensch ist. Steht er einem sehr nahe, benutzt man am liebsten den direkten Face-to-face-Kontakt, dann das Telefon und schließlich den schriftlichen Kontakt. So macht es einen gewaltigen Unterschied, ob man jemanden zu einer Party persönlich, telefonisch oder brieflich einlädt.

Die Drei-Stufen-Strategie

Angenommen, Sie wollen, dass auf der nächsten Tagung Ihres Berufsverbandes das Thema „Netzwerken" Schwerpunktthema wird. Auf der davor stattfindenden Mitgliederversammlung soll das nächste Tagungsthema festgelegt werden. Sie nehmen sich vor, auf der nächsten Mitgliederversammlung, wenn der Tagungsordnungspunkt dran ist, ein vorher gut vorbereitetes und rhetorisch wirksam vorgetragenes Plädoyer für Ihr Thema zu halten. Ist dieser Weg Erfolg versprechend? Mag sein, doch schätze ich die Chancen eher gering ein, dass Sie mit Ihrem Vorschlag auf Anhieb durchkommen. Ihre Chancen erhöhen sich jedoch, wenn Sie eine wirkungsvolle Netzwerk-Strategie einsetzen.

- **Einzelgespräche führen:** Fangen Sie mit der Person an, die vermutlich am leichtesten zu überzeugen ist, dann mit zwei bis drei anderen, bei denen Sie bereits auf einen oder mehrere Überzeugte verweisen können. Am besten ist es, wenn Sie diese Gespräche mit den sogenannten Meinungsführern führen; denn an deren Meinung orientieren sich die Mitglieder.

Netzwerk-Strategien

- **Kleingruppengespräch:** Führen Sie dieses Gespräch mit den drei bis fünf Leuten, mit denen Sie bereits Einzelgespräche geführt hatten. Wenn jetzt eine oder zwei noch nicht ganz überzeugte Personen merken, dass Sie sogar den informellen Meinungsführer auf Ihrer Seite haben, werden sie sich vermutlich auch überzeugen lassen.

- **Antrag in der Mitgliederversammlung:** Je mehr Mitglieder Sie bereits vorher in Einzelgesprächen oder Kleingruppengesprächen überzeugt haben, desto höher sind Ihre Chancen, dass Ihrem Antrag zugestimmt wird.

> **Praxis-Tipp:**
> Wenn Sie mit Ihrem Antrag, Ihrem Vorschlag oder Ihrer Idee nicht durchkommen, ziehen Sie sich nicht beleidigt in die Schmollecke zurück, sondern unterstützen als gute Netzwerkerin sofort die Idee einer anderen Person, um sich diese ein wenig zu verpflichten.

Warum die regelmäßige Teilnahme an Besprechungen so wichtig ist

- Besprechungen sind in einem Unternehmen eine der wichtigsten Netzwerkmöglichkeiten. Vielleicht gibt es deshalb in manchen Firmen keine oder nur selten Besprechungen, weil dort vielleicht lieber nach dem Motto verfahren wird: „Teile und herrsche." Besprechungen sind aber keine Zeitverschwendung, sondern eine gute Netzwerkchance.

- Sie erfahren offizielle wie inoffizielle Informationen. Die offiziellen stehen zwar auch im Protokoll, jedoch nicht die inoffiziellen. Und das sind oft die wichtigeren.

- Wer nicht da ist, wird vergessen. Durch Ihre Anwesenheit bringen Sie sich immer wieder in Erinnerung, vor allem, wenn Sie sich aktiv einbringen. Nur Herumsitzen ist zu wenig, es kann sogar schlecht für Ihr Image sein, wenn Sie nie etwas sagen. Denn jemand, der schweigt, hat offensichtlich nichts zu sagen.

Netzwerken im Beruf

- Wenn Sie wirklich nicht teilnehmen können, bitten Sie eine vertraute Person, die Ohren zu spitzen, damit Sie trotzdem die inoffiziellen Nachrichten erhalten.

- Melden Sie sich öfter in Besprechungen, besonders dann, wenn es Besprechungen sind, an denen auch Kollegen aus anderen Abteilungen teilnehmen. Gewöhnen Sie sich an, schon ein paar Minuten früher da zu sein, zum einen, um Kontakte zu pflegen, und zum anderen, um zu klären, wer bei bestimmten Tagesordnungspunkten Ihre Meinung vertritt. So können Sie sich dann in der Konferenz oder Besprechung die Bälle zuspielen. Sagen Sie auch einer Kollegin oder einem Kollegen, wenn Sie ihren oder seinen Vorschlag unterstützen. Genauso wichtig wie das „Vorher" ist das „Nachher" für das Besprechen gewisser Konsequenzen aus der Konferenz oder einfach nur für die Kontaktpflege. Diesen Tipp lege ich ganz besonders Frauen ans Herz, weil sie sich der Bedeutung dieser Vor- und Nachbesprechungen oft nicht ganz im Klaren sind. Doch selbst wenn sie gern länger bleiben möchten, kollidiert das oft mit ihren familiären Verpflichtungen.

- Sie haben die Chance, durch intelligente Beiträge positiv aufzufallen. Das ist zum Beispiel wichtig, wenn ein potenzieller Mentor anwesend ist, den Sie von Ihren Qualitäten überzeugen wollen. Bereiten Sie sich deshalb anhand der Tagesordnung – falls vorhanden – auf die Themen vor, zu denen Sie etwas sagen möchten. Als guter Netzwerker haben Sie sicher jemanden, mit dem Sie das, was Sie sagen wollen, vorher „versprachlichen", sprich laut üben können. So werden Sie von den Formulierungen her sicherer und können auf Einwände besser reagieren. Unter Umständen ist für Sie außerdem noch die Drei-Stufen-Strategie (siehe Seite 102) zur Vorbereitung von Nutzen.

- Überlegen Sie sich auch, was Sie außerhalb der offiziellen Besprechungszeit auf Tagungen, auf Kongressen oder in Seminarveranstaltungen noch mit wem besprechen könnten.

Netzwerk-Strategien

> **Beispiel:**
>
> Mir ist schon des Öfteren aufgefallen, dass Männer diese Möglichkeit viel stärker als Frauen nutzen. Ich hatte ein Seminar für EDV-Dienstleister durchgeführt. In dem Seminar wurde u.a. im Rahmen eines Besprechungsspiels darüber diskutiert, ob die Firma für die Außendienstler Notebooks anschaffen sollte. Da dies tatsächlich im Gespräch war, vertraten alle echte Positionen. Als das Seminar ein paar Stunden später zu Ende war, strebten die Frauen wegen Mann oder Familie sofort eilig nach Hause, während die Männer in Kleingruppen zusammenstanden, um darüber zu diskutieren, wie sie ihren Chef von der Notwendigkeit persönlicher Notebooks überzeugen konnten. Das war gelebtes Netzwerken!

Wichtig: Ihre aktive Teilnahme ist entscheidend, denn nur so haben Sie die Chance, etwas in Ihrem Sinne zu beeinflussen: „Wer nicht am Spieltisch sitzt, kann auch nicht gewinnen."

> **Praxis-Tipp:**
>
> Wenn Sie etwas schüchtern sind, gewöhnen Sie sich an, sich in den ersten fünf Minuten zu melden oder zumindest eine Frage zu stellen. So können Sie beispielsweise einen Beitrag, der Ihnen gut gefallen hat, zusammenfassend wiederholen: „Herr M., mir hat gerade sehr gut gefallen, dass Sie darauf verwiesen haben, dass ..." Es ist wissenschaftlich nachgewiesen, dass die Personen, die sich nicht in den ersten fünf Minuten beteiligen, dies später nur selten nachholen.

Die Kantine als Informationsbörse

Obwohl es die meisten wissen, nutzen es nicht alle: Die Kantine (auch Cafeteria oder Betriebsrestaurant genannt) ist eine wichtige Informationsbörse. Gerade hier lassen sich hervorragend Kontakte zu anderen Abteilungen knüpfen. Oder Sie bekommen die Chance, jemandem aus dem Topmanagement vorgestellt zu werden. Deshalb essen Sie Ihren Snack nicht am Arbeitsplatz, sondern in die Kantine. Nun können Sie zweierlei machen, entweder selbst Gespräche führen, oder Sie verlegen sich auf das Beobachten und Zuhören, was mindestens ebenso spannend ist. Verbieten Sie sich auch nicht, darauf zu achten, wer mit wem wie lange und in welcher Weise spricht. Selbst wenn Sie die Worte nicht verstehen sollten, weil die betreffenden Personen zu weit weg sitzen – die Körpersprache ist meist ebenso aufschlussreich (siehe Seite 43 ff.).

Das „schwarze Brett", das oft am Kantineneingang platziert ist, verdient es, gelesen zu werden. Wenn ich neu in einer Firma bin, finde ich es immer ganz spannend, darüber zu erfahren, was in einer Firma so alles läuft. Auch Sie können das „schwarze Brett" für Anschläge nutzen, etwa, wenn Sie für ein bestimmtes Projekt noch Mitglieder suchen.

Machen Sie mit bei Projekten!

Projekte sind zeitlich befristete Aufgaben, die in der Regel abteilungsübergreifend zusammengestellt sind. So ein Projekt könnte sein, falls Sie keine Weiterbildungs- oder Personalentwicklungsabteilung haben, ein Konzept zur Weiterbildung in Ihrem Unternehmen zu erstellen.

Oder Ihr Unternehmen will sich in Zukunft besser im Internet präsentieren, und dazu wird eine Arbeitsgruppe gegründet. Natürlich sind das meist Aufgaben, die neben dem Tagesgeschäft abgewickelt werden und somit Mehrarbeit für Sie bedeuten. Dennoch wird es sich für Sie auszahlen, wenn Sie die darin liegenden Netzwerkmöglichkeiten nutzen.

Manchmal gibt es auch ein Projekt, um das Wissen, das in einem Unternehmen vorhanden ist, zu sammeln, zu bündeln und in einer Datenbank allen Mitarbeitern zur Verfügung zu stellen. Wenn Sie an einem solchen Projekt teilnehmen, erhalten Sie die Chance, mit den unterschiedlichsten Mitarbeitern, Experten und Führungskräften in Kontakt zu treten. Daraus können sich langjährige berufliche oder private Beziehungen entwickeln.

Ab und zu gibt es in Unternehmen auch Expertenrunden, die sich zu bestimmten Themen zusammenfinden, sie diskutieren und der Geschäftsleitung Vorschläge unterbreiten. Vielleicht können Sie dort mit Ihrem Expertenwissen mitmachen.

Nach Feierabend

Viele vertreten die verständliche Ansicht, dass eine Trennung zwischen Beruf und Privatleben sinnvoll ist. So wird das, was in Japan üblich ist, nämlich oft mit der ganzen Abteilung inklusive Führungskraft nach der Arbeitszeit noch eine Runde trinken zu gehen, bei uns zu Recht abgelehnt, weil das eine sehr familienfeindliche Tradition ist. Wenn Sie jedoch akzeptieren, dass „Klappern zum Handwerk gehört", sind Kontakte nach Feierabend unerlässlich. Gehen Sie deshalb ab und zu mit Kolleginnen und Kollegen ein Bier trinken oder besuchen Sie mit ihnen ein Volksfest oder Weinfest.

Betriebsfeiern bieten eine weitere Möglichkeit. Sitzen Sie bitte nicht mit Leuten zusammen, die Sie schon gut genug kennen. Das ist zwar bequemer, doch bringt es Ihnen keine neuen Kontakte. Wechseln Sie lieber öfter. Wie Sie das jeweils anstellen können, ohne unhöflich zu wirken, erfahren Sie auf Seite 117 f.

> **Praxis-Tipp:**
> Kümmern Sie sich um neue Kolleginnen oder Kollegen. Da sie meist noch nicht so integriert sind, sitzen sie manchmal recht verlassen herum und sind dankbar, wenn sich ihnen jemand widmet.

Eines Ihrer Ziele bei solchen Veranstaltungen sollte sein, aus sogenannten „Schnittstellen" im Unternehmen „Kontaktstellen" für sich zu machen!

Teilnahme am Betriebssport

Vielleicht kostet es Sie ein wenig Überwindung, in einer Betriebssportgruppe mitzumachen, falls so etwas bei Ihnen angeboten wird. Doch lehnen Sie dies nicht aus bloßem Vorurteil ab, sondern erkundigen Sie sich, wer mitmacht und was für ein sportliches Niveau dort erwartet wird. Vielleicht finden Sie Gefallen daran, mit dem Abteilungsleiter, den Sie sonst nur ehrfürchtig aus der Ferne betrachten, gemeinsam zu joggen oder Tennis zu spielen.

Netzwerken im Beruf

Gemeinsames Abteilungsfrühstück

Ich kenne eine Sekretärin, die bemerkte, dass durch Umstrukturierungen und Stellenabbau das Arbeitsklima und der Umgangston rauer geworden war. Sie regte deshalb an, sich alle vier Wochen zu einem gemeinsamen Arbeitsfrühstück, das jeweils zwei andere Mitarbeiter aus der Abteilung organisierten, zu treffen. Der Vorschlag wurde begrüßt. So gingen sie und ihr Chef mit gutem Beispiel voran und bereiteten das erste gemeinsame Abteilungsfrühstück vor. Es wurde ein großer Erfolg und hat sich inzwischen zu einer sinnvollen Tradition entwickelt. Es kann natürlich auch ein Nachmittagskaffee, etwa jeweils am letzten Freitag im Monat, sein.

Bekanntheitsgrad durch Veröffentlichungen und öffentliche Auftritte erhöhen

Mit Veröffentlichungen in Fachzeitschriften und in der Firmenzeitung halsen Sie sich nicht nur Arbeit auf. Sie erhöhen Ihren Bekanntheitsgrad und eröffnen sich neue Kontaktmöglichkeiten. Denn jetzt werden Sie von anderen häufiger kontaktiert, denn man weiß jetzt, worin Sie Expertin oder Experte sind.

Vielleicht schreiben Sie nicht so gern und reden stattdessen lieber. Dann melden Sie sich freiwillig, wenn es darum geht, einer größeren Gruppe Arbeitsergebnisse vorzustellen oder auf einer Messe Firmenpräsentationen zu halten. Und falls Sie hier Angst haben, denken Sie daran, es gibt Menschen wie mich, die Ihnen gern behilflich sind und Ihnen zeigen, dass auch Sie rhetorisch viel begabter sind, als Sie glauben.

Vielleicht übernehmen Sie sogar, wenn Sie über mehr Erfahrung im Reden verfügen, firmeninterne Schulungsmaßnahmen. Achten Sie jedoch darauf, dass Unterrichtsmaterial, Folien und Arbeitsunterlagen, die „weiterwandern", mit Ihrem Namen und Copyright versehen sind. Nur so werden diese Unterlagen zu Kontaktmedien, auf die man Sie außerhalb des Unterrichts ansprechen kann, weil man weiß, von wem sie erstellt worden sind.

Kontakte zu den Medien aufbauen

Sie können sehr viel Geld in Anzeigen oder Mailingaktionen verschwenden, wenn Sie Ihren Bekanntheitsgrad etwa als Dienstleister oder Einzelhändler erhöhen wollen. Eine wesentlich preiswertere und wirkungsvollere Art ist es, mit oder in einem Bericht im redaktionellen Teil einer Zeitschrift oder Zeitung zu erscheinen.

Deshalb sind Journalisten eine wichtige Zielgruppe. Sollten Sie diesen gegenüber Vorurteile haben, mache ich Sie darauf aufmerksam, dass Journalisten es genauso wie Sie hassen, mit ein paar schwarzen Schafen ihrer Branche in einen Topf geworfen zu werden. Deshalb begegnen Sie ihnen mit Achtung und persönlicher Wertschätzung. Die meisten haben ein gewisses Berufsethos und fühlen sich der Öffentlichkeit gegenüber verpflichtet, optimal zu informieren, die Meinungsbildung ihrer Leser zu fördern und mit kritischen Beiträgen auf Missstände hinzuweisen.

Sie müssen sich also nicht wie ein Bittsteller vorkommen, wenn Sie etwas veröffentlichen wollen. Rufen Sie bei dem zuständigen Redakteur an, um eine Pressemeldung oder einen interessanten Artikel im redaktionellen Teil unterzubringen. Den Namen des Redakteurs erfahren Sie meist über das Impressum, das in jeder Ausgabe einer Zeitschrift/Zeitung abgedruckt ist, oder auf der Homepage der Zeitschrift.

Manchmal sind Redakteure dankbar, wenn Sie ihnen „Stoff" liefern. Machen Sie also Redakteure und Journalisten zu Ihren Partnern. Denn sie sind auf Ihre Mitarbeit angewiesen. Ich habe schon oft erlebt, wie gerade beruflich noch nicht so erfahrene Journalisten froh sind, wenn man ihnen mit dem eigenen Know-how bei der Abfassung eines Artikels hilft oder sie auf Informationsquellen hinweist. So können Sie durch Ihre kompetenten Auskünfte das Ergebnis, also den Inhalt, beeinflussen. Journalisten reagieren jedoch äußerst empfindlich, wenn Sie versuchen, sie zu manipulieren, oder wenn sie den Eindruck gewinnen, Sie wollen sie lediglich als kostenlose „Werbetrommel" benutzen. Da Medienleute immer unter Zeitdruck arbeiten, nehmen Sie darauf Rücksicht und „füttern" Sie sie nicht mit überflüssigen Informationen und Geschwätz.

Eine Pressemeldung verfassen Sie am besten nach dem folgenden klassischen Schema, bei dem Sie sicher sein können, dass Sie nichts Wichtiges vergessen:

Das 7-W-Modell einer Pressemeldung

- Wer?
- Was?
- Wie?
- Wann?
- Wo?
- Warum ist die Meldung interessant?
- Wow!

Außer Fakten müssen Sie unbedingt etwas reinbringen, das die Aufmerksamkeit weckt. Das kann ein attraktiver „Aufreißer" (Überschrift) sein, oder der Textinhalt muss Neugierde wecken.

Praxis-Tipp:
Für den Umgang mit Journalisten gilt: Halten Sie Kontakt, selbst wenn nicht sofort Vorteile für Sie erkennbar sind. Auch Journalisten haben Geburtstag und freuen sich über eine kleine Aufmerksamkeit oder eine Karte von Ihnen. Gratulieren Sie zudem zu einem besonders gelungenen Artikel.

Die Führungskraft als Netzwerker

Als Führungskraft sind Sie immer darauf angewiesen, dass alle in Ihrem Bereich auch wirklich „mit-arbeiten". Selbst wenn Sie die Weisungs- und Disziplinargewalt haben, sind Sie auf Dauer auf den guten Willen aller Mitarbeiter angewiesen. Deshalb lohnt es sich, als Führungskraft Netzwerken zu praktizieren.

Die Führungskraft als Netzwerker

Was zeichnet eine Führungskraft als Netzwerker aus?

- Sie führt partnerschaftlich, das heißt, sie interessiert sich für den Mitarbeiter als Mensch und sieht ihn nicht nur als Arbeitskraft oder als Produktionsfaktor oder gar als Störfaktor, der möglichst schnell durch eine Maschine ersetzt werden sollte. Sie wird deshalb immer ein offenes Ohr für die Bedürfnisse und Wünsche anderer haben.

- In einem Netz gibt es keine Hierarchien. Folglich führt in einem Netzwerk eine Führungskraft nicht qua Disziplinar- und Weisungsbefugnissen, sondern qua ihrer persönlichen und fachlichen Autorität.

- Grundlage dieses Führungsverhaltens ist nicht der Spruch von Lenin, sondern das Gegenteil davon: „Kontrolle ist gut, Vertrauen ist besser."

- Eine solche Führungskraft kann Fehler zugeben. Voraussetzung hierfür ist die Einsicht, selbst nicht perfekt zu sein.

- Sie wird deshalb Synergieeffekte zu nutzen wissen. Führungsgrundsatz ist deshalb: „Ich bin okay, du bist okay. Zusammen sind wir phantastisch."

- Regelmäßige Besprechungen und gesellige Zusammenkünfte sind eine Selbstverständlichkeit.

- Alle Mitarbeiter werden in Entscheidungsfindungsprozesse einbezogen oder, wo das aus geschäftlichen Gründen nicht möglich ist, frühestmöglich informiert.

- Schnittstellen zu anderen Abteilungen sind für eine Netzwerkführungskraft „Kontaktstellen", weil gerade hier regelmäßige Kontakte nötig sind, um Reibungsverluste und Konflikte zu verhindern.

Ganz besonders imponiert hat mir einmal ein Geschäftsführer eines Vier-Sterne-Hotels. Bei einem feierlichen Essen gab es beim Bedienen der Gäste einen Engpass. Er erkannte dies und half eigenhändig beim Abräumen des Geschirrs. Genau dies schätzen Mitarbeiter an einem Chef. Sie wissen, dass er sie in schwierigen Situationen aktiv unterstützt, anstatt dumm in der Gegend herumzustehen und seine Mitarbeiter zu schnellerem Arbeiten anzuweisen. Letzteres habe ich leider schon erlebt.

Eine Führungskraft mit Netzwerkfähigkeit wird immer zugleich ein guter Mentor sein (siehe Download zum Thema „Mentoring"; nähere Informationen am Ende des Buches).

Wie knüpfen Sie bei Tagungen Kontakte?

Studieren Sie vorher aufmerksam die Teilnehmerliste und suchen Sie gezielt nach Personen, die Sie interessieren. Schreiben Sie die Namen auf ein Kärtchen und fragen Sie beim Einchecken, ob diese Personen anwesend sind oder ob sie vielleicht kurzfristig abgesagt haben. Wenn sie vor Ort sind, brauchen Sie gewisse detektivische Fähigkeiten, um sie zu finden, doch wenn Sie schon Erfahrung im Netzwerken haben, dann finden Sie sie garantiert!

Beispiel:

Ich habe mir inzwischen angewöhnt, immer in dem Hotel ein Zimmer zu buchen, in dem die Tagung oder der Kongress stattfindet, selbst wenn es in der Nähe viel günstigere Übernachtungsmöglichkeiten gibt. Warum? Ganz einfach, alle VIP's sind auch dort untergebracht, und abends an der Bar und/oder morgens beim Frühstück können Sie den einen oder anderen erwischen. Und selbst wenn der Kontakt nur kurz sein sollte, lassen Sie sich die Option geben, bei ihm oder ihr nach der Tagung mal anzurufen oder Ihre Unterlagen zu schicken.

Eine weitere Möglichkeit, Kontakte zu knüpfen, ergibt sich, wenn Sie selbst einen Vortrag übernehmen oder einen Workshop leiten oder an einer Podiumsdiskussion teilnehmen. Günstig ist es, seine Veranstaltung zu Beginn der Hauptzeit zu machen, denn dann können Sie die Kontakte, die sich ergeben haben, noch vertiefen. Sind Sie dagegen die letzte Referentin, sind erstens viele schon abgereist, und zweitens können Sie die Früchte Ihres Erfolges nicht mehr genießen. Bei einer Veranstaltung, die am Freitagabend beginnt, ist also der späte Samstagvormittag die günstigste Zeit.

Wie knüpfen Sie bei Tagungen Kontakte?

Falls eine Person, die Sie gern kennengelernt hätten, nicht auf der Tagung ist, haben Sie schon einen Gesprächsaufhänger, um diese Person zu kontaktieren. Falls Sie sie anrufen, können Sie dieser Person gleich etwas bieten: nämlich Informationen über die Tagung aus erster Hand.

> **Praxis-Tipp:**
>
> Wenn Sie sich vornehmen, bei einem solchen Anlass möglichst viele Menschen kennenzulernen, fahren Sie am besten allein. Begründung: Zu zweit oder in der Gruppe beschäftigt man sich doch meist mehr miteinander als mit fremden Personen.

Fachmessen und Kongresse

Fachmessen sind für Netzwerker ein Muss! Nirgendwo treffen Sie so viele Leute aus Ihrer Branche, von den Auftragschancen, die sich dort bieten, ganz zu schweigen. Auch die Neuheiten, die dort ausgestellt werden, und eventuelle Hintergrundinformationen, wer wen aufgekauft hat oder wer mit wem fusionieren will, sind eine interessante Zugabe.

„Sehen und gesehen werden" ist ein weiterer wichtiger Aspekt. So können Sie Fachmessen wunderbar zur Kontaktpflege nutzen. Denn hier nimmt es Ihnen niemand übel, wenn Sie nach einem kurzen Hallo wieder verschwinden und zum nächsten Stand marschieren. Also hier ein Schwätzchen und da ein Schwätzchen. Wenn Sie möglichst viele Gespräche führen, ist es empfehlenswert, sich nach jedem Gespräch kurz Notizen zu machen. Denn ich garantiere Ihnen, dass Sie sonst daheim mit vielen Visitenkarten nichts mehr anfangen können.

Bei den wichtigen und ergiebigen Kontakten mache ich deshalb Notizen in einem Kollegheft, und da ich immer einen kleinen Hefter dabei habe, hefte ich dann die Visitenkarte zu den Notizen. Natürlich können Sie diese Informationen auch direkt in Ihr Smartphone eintragen oder aufsprechen. Und für Visitenkarten gibt es kostenlose Apps, die die Adressdaten unmittelbar in Ihre Kontaktliste übertragen.

Netzwerken im Beruf

> **Praxis-Tipp:**
> Zur Vorbereitung lohnt es sich, den Ausstellerkatalog und das Rahmenprogramm anzufordern, damit Sie sich strategisch gut vorbereiten können und auf der Messe nicht wie ein „blindes Huhn" herumirren und lediglich Zufallskontakte schließen.

Gewöhnen Sie sich grundsätzlich an, einen für Sie interessanten Erstkontakt wenig später zu vertiefen! Denn erst, wenn man auf eine Person mehrfach in irgendeiner Weise aufmerksam geworden ist, wird sie auf Dauer gespeichert. In der Werbung geht man davon aus, dass ein neues Produkt Verbrauchern etwa siebenmal in unterschiedlichen Weisen „begegnen" muss, bis es registriert wird. Das kann eine Fernsehwerbung sein, eine Anzeige, das Produkt selbst, das man in einem Geschäft sieht, oder die Empfehlung der Verkäuferin. Ergänzend hinzu kommt das Moment der Wiederholung, das einen immer wieder auf diese Produktneuheit aufmerksam macht. Und das, was in der Werbung gilt, gilt auch für Sie. Deshalb also den Erstkontakt ca. eine Woche später vertiefen. Das kann eine E-Mail sein, eine interessante Information für die andere Person oder auch eine originelle Idee.

Netzwerken in der Freizeit

Partys	116
Vereine	118
Beim Einkaufen	119
Beim Bahnfahren	119
In die richtigen Lokale gehen	120
Fördern Sie Ehemaligen-Treffen	121
Im Urlaub	121

Partys

Sie hassen Partys? Dann wird es Zeit, diese Einstellung zu ändern. Wenn Sie Partys hassen, weil sie Ihnen wie Zeitverschwendung vorkommen, so brauchen Sie sich nur ein entsprechendes Ziel vorzunehmen, etwa Kontakte zu knüpfen, und schon werden Sie feststellen, dass Ihr „Jagdtrieb" erwacht. Als Nächstes überlegen Sie sich, angenommen, Sie wollen Herrn Schultze von der Firma Schneider & Söhne kennenlernen, ob Sie jemand vorstellen könnte. Denn das ist einen Tick besser, als wenn Sie sich selbst vorstellen. Die einfachste Möglichkeit besteht darin, die Gastgeber zu bitten, Sie vorzustellen. Da Gastgeber daran interessiert sind, dass sich ihre Gäste nett unterhalten, werden sie das gern für Sie tun. Achten Sie darauf, dass man nicht nur Ihren Namen nennt, sondern dass gleich ein „Köder" ausgelegt wird. Es sollte noch etwas über Sie gesagt werden, was Herrn Schultze mit Sicherheit interessiert.

Angenommen, Sie wissen, wie Herr Schultze aussieht, und sehen ihn gerade, wie er in einer Ecke steht und allein ein Glas Bier trinkt. Die Gastgeber sind gerade zu beschäftigt, um Sie vorzustellen. Sollen Sie sich selbst vorstellen, auch wenn Sie eine Frau sind? Selbstverständlich! Sie gehen mit einem strahlenden Lächeln auf ihn zu und sagen: „Guten Tag, ich bin Frau Kaiser von der Fausta GmbH. Ich habe gestern in der Zeitung gelesen, dass Sie in diesem Jahr ein neues Produkt auf den Markt bringen. Wir könnten Ihnen von unserer Werbeagentur ein gutes Konzept dafür liefern, da wir gerade mit vielen Firmen Ihrer Branche zusammenarbeiten." Natürlich können Sie auch einen weniger direkten Weg gehen. Doch denken Sie daran, Sie wissen nicht, wie viel Zeit für das Gespräch zur Verfügung steht. Deshalb empfiehlt es sich, relativ schnell zur Sache zu kommen.

Berufliche Fähigkeiten ins Gespräch einfließen lassen

Bei zufälligen Gelegenheiten sollten Sie immer darauf zu sprechen kommen, worin Sie fachkompetent sind. Vielleicht sind diese Informationen nicht unbedingt von Bedeutung für die Person, mit der sie sich gerade unterhalten, aber vielleicht für jemanden, den Ihr Gesprächspartner kennt: „Ach, das ist ja interessant, dass Sie Werbegrafikerin sind. Ein Bekannter von mir, Leiter einer Werbeagentur, sucht nämlich gerade jemanden wie Sie!"

Partys

Gewöhnen Sie sich an, über den eigenen Beruf zu reden. Angenommen, Sie sind Rechtsanwältin, und Ihr Gegenüber stöhnt: „Oje, morgen habe ich ein schwieriges Gespräch mit einem Lieferanten, der uns fehlerhafte Teile geschickt hat. Wenn wir uns nicht einigen, werde ich ihn verklagen." Sie könnten reagieren: „Das ist nicht immer ganz angenehm. Als Rechtsanwältin weiß ich, dass das richtige Vorgehen entscheidend für den Erfolg einer Klage ist. Wer vertritt Sie denn?" Wenn Ihr Gegenüber antwortet: „Das weiß ich noch nicht", könnten Sie einflechten, dass Sie letzte Woche erst zugunsten des Mandanten einen vergleichbaren Prozess gewonnen haben. So zeigen Sie dem anderen, dass Sie kompetent sind!

Wenn Sie jetzt immer noch Hemmungen haben, dann beobachten Sie doch einmal wirklich herausragende Persönlichkeiten, wie sie in der Öffentlichkeit agieren. Sie werden feststellen, dass sie sich etwa auf einer Party nicht den ganzen Abend mit einer Person unterhalten, sondern dass sie mal hier, mal da auftauchen. Vielleicht können Sie sie auch ein wenig belauschen und zuhören, wie diese Person ein Gespräch anfängt und, was vielleicht manchmal noch wichtiger ist, wie sie sich von einem Menschen oder einer Gruppe wieder „loseist".

Wie Sie sich geschickt verabschieden

Eine gute Möglichkeit ist es, wenn Sie zu einer Gruppe Kontakt bekommen haben und wechseln möchten, dass Sie fragen: „Ich würde gern Kontakt zu Herrn Taler aufnehmen, kennt ihn jemand von Ihnen?" Wenn ja, nehmen Sie diese Person gleich mit, um sich vorstellen zu lassen. Falls nicht, können Sie sich mit den Worten verabschieden: „Schade, aber ich werde ihn schon finden. Vielen Dank für das Gespräch", und weg sind Sie. Die Standard-Abschiedsformulierung lautet meist: „Ich habe mich gefreut, Sie kennengelernt zu haben. Ich hoffe, wir sehen uns bald einmal wieder." Vielleicht tauschen Sie noch Ihre Visitenkarten aus, damit eine Kontaktaufnahme möglich ist und Ihre Äußerung keine Höflichkeitsfloskel bleibt.

Netzwerken in der Freizeit

Vereine

Deutsche werden gern der Vereinsmeierei bezichtigt. Tatsache ist, dass es viel mehr Vereinsmitglieder als erwachsene Einwohner in Deutschland gibt, denn die meisten sind in mehr als einem Verein! Überlegen Sie einmal, welch unterschiedliche Arten von Vereinen es gibt! Vom Kaninchenzüchterverein über den Schachclub bis hin zum Karnevalsverein.

Vielleicht haben Sie etwas gegen „Vereinsmeierei", doch wie sollen Sie sonst gerade in einer ländlichen Gegend mit anderen in Kontakt kommen? Ein Verein oder eine politische Partei ist zwar kein „Netzwerk", es bietet Ihnen jedoch die Möglichkeit zum Netzwerken, und deshalb ist eine entsprechende Mitgliedschaft sinnvoll.

Ich war viele Jahre Mitglied und einige Jahre im Vorstand einer humanistischen Vereinigung. Im Rahmen eines Akquisitionsgespräches stellte sich nämlich heraus, dass mein Gegenüber im Vorstand dieses Vereins war. Als er erfuhr, dass ich mich in meiner Dissertation intensiv mit der antiken Rhetorik auseinandergesetzt hatte, versuchte er, mich für eine Mitgliedschaft zu gewinnen. Da mich der Verein interessierte, sagte ich zu. Dass ich in diesem Fall auch den Auftrag erhielt, überraschte mich nicht.

Sportvereine

Sportvereine sind – leider – etwas „out", Fitness-Clubs sind „in". Da ich selbst Mitglied in einem Fitness-Club bin, weiß ich, dass dort prinzipiell Kontaktmöglichkeiten vorhanden sind. Sie werden allerdings nur wenig genutzt. Jeder macht sich an irgendwelchen Geräten zu schaffen und absolviert sein Programm. Kaum, dass man sich grüßt, wenn man sich ein paar Mal zufällig begegnet ist. Bevorzugen Sie deshalb den Gymnastiktreff. Hier ergeben sich viel schneller Gespräche und damit Kontaktmöglichkeiten. So erfuhr ich über eine Mutter, dass ganz in der Nähe von mir eine Kollegin wohnt, bei der sie schon ein sehr gutes Seminar besucht hatte. Ich rief sie daraufhin an, und wir stellten fest, dass wir sogar in demselben Trainernetzwerk Mitglied sind. Da sie noch nicht so lange dabei war, freute sie sich, als ich ihr anbot, das nächste Mal mit ihr zusammen zu einem Treffen zu gehen, wobei ich ihr versprach, sie anderen Kollegen und Kolleginnen vorzustellen.

Beim Einkaufen

Natürlich gibt es auch im Supermarkt Kontaktmöglichkeiten. Ich habe einmal aus Versehen – aber man könnte es auch aus Absicht machen – mehrere Milchtüten in einen falschen Einkaufswagen gelegt und, als ich den Irrtum bemerkte, eine nette gleichaltrige Frau kennengelernt. Wir haben dann gleich noch im nahe gelegenen Café eine Tasse Kaffee miteinander getrunken und Visitenkarten ausgetauscht. Ich bat sie um Erlaubnis, ihre Adresse an mein Frauennetzwerk weiterzugeben, damit sie eingeladen werden kann. Sie ließ sich dort zwar bisher nicht blicken, aber es hätte eine Fortsetzung des Kontaktes geben können.

Beim Bahnfahren

„Ich soll mit der Bahn fahren? Das habe ich schon seit zehn Jahren nicht mehr getan. Immer diese Verspätungen, und dann auf zugigen Bahnsteigen herumstehen. Nein danke, ohne mich." Falls Sie diese Ansicht vertreten, wird es höchste Zeit, sie zu ändern. Fahren Sie von nun ab, so oft es geht, vor allem bei längeren Strecken mit dem Zug, denn es ist eine super Möglichkeit, Kontakte zu knüpfen. Oder Sie nehmen Zugfahren als Übungsfeld, um Small Talk zu lernen oder um gekonnt Ihren Beruf und Ihre beruflichen Erfolge so zu präsentieren, dass es Ihnen nicht wie ein schlecht gelungenes Eigenlob vorkommt. Und selbst wenn es Verspätungen gibt, etwa weil die Weichen vereist sind oder die Lokomotive gewechselt werden muss, führen gerade solche Pannen dazu, mit anderen ins Gespräch zu kommen, denn dann will jeder seinem Ärger Luft machen. So entsteht sehr schnell eine Gemeinschaft, indem man auf die Deutsche Bahn AG schimpft.

Ärgern Sie sich also nicht über solche Pannen, sondern erkennen Sie die darin liegenden Netzwerkmöglichkeiten! Als Zugfahrerin verspreche ich Ihnen unvergessliche Erlebnisse. Sparen Sie nicht am falschen Fleck. Die besseren beruflichen Kontaktmöglichkeiten finden Sie beim Zugfahren grundsätzlich in der ersten Klasse. Das Dumme ist nur, dass diese Menschen eine Zugfahrt häufig für Arbeiten am Laptop nutzen oder schlafen. Allerdings sitzen in der ersten Klasse meist die für berufliche Kontakte interessanteren

Netzwerken in der Freizeit

Menschen. So konnte ich einen flüchtig geschlossenen Kontakt bei einem EWMD-Netzwerkabend (EWMD = European Women's Management Development) mit der Leiterin einer Weiterbildungsabteilung bei einer Bahnfahrt vertiefen, was mir einen größeren Auftrag bei einer Lebensversicherung verschaffte.

Natürlich können Sie auch zweiter Klasse fahren. Der Komfort ist nur wenig geringer, und Sie kommen genauso schnell ans Ziel. Auch die weißhaarige Rentnerin, die ihre Tochter im Hamburg besucht, kann eine wichtige Gesprächspartnerin zum Netzwerken sein, weil vielleicht ihre Tochter Verlagsleiterin eines Fachverlages ist, der an der Veröffentlichung eines Buches von Ihnen interessiert sein könnte.

> **Praxis-Tipp:**
> Wollen Sie den höheren Erste-Klasse-Fahrpreis sparen, trinken oder essen Sie wenigstens eine Kleinigkeit. Denn im Speisewagen oder in der Minibar gibt es nur „eine Klasse". Ein Vorteil ist außerdem, dass man hier leichter ins Gespräch kommt, zum Beispiel über das Essen und den Service.

In die richtigen Lokale gehen

Lokale oder Kneipen sind nicht nur Orte, um nach Feierabend ein Bier zu trinken, sondern auch, um Kontakte zu knüpfen und zu pflegen – eine Möglichkeit, die viele Männer eifrig nutzen. Lassen Sie sich auch in der einen oder anderen „frauenfreundlichen" Kneipe ab und zu mal blicken. Aufgrund Ihres Verhaltens merken die anwesenden Männer meist sehr schnell, ob Sie wegen des Flirtens kommen oder einfach, um andere Menschen kennenzulernen. Selbst wenn Sie einmal falsch eingeschätzt werden sollten, tragen Sie es mit Fassung. Denn Frauen in Kneipen sind für viele Männer nicht in erster Linie Gesprächspartner, um geschäftliche Beziehungen anzubahnen, sondern Frauen! Aber selbst wenn Sie ein Stammlokal haben, testen Sie ab und zu mal ein anderes, um wieder andere Menschen kennenzulernen.

Fördern Sie Ehemaligen-Treffen

Als Erstes fallen mir hierzu Klassentreffen ein. Manche aus Ihrer Klasse oder Schule haben vielleicht Karriere gemacht oder können Ihnen sonst irgendwie weiterhelfen, und sei es nur bei der Frage nach einem guten Herz-Kreislauf-Spezialisten. Sollten Sie selbst zu denen gehören, die anderen hervorragende Kontaktmöglichkeiten bieten, weil Sie vielleicht im Landtag sitzen, werden Sie bei solchen Anlässen ein gern gesehener Gast sein. Doch auch Ihnen nützt ein solcher Kontakt, da manche Politiker schon darüber gestolpert sind, dass sie den Kontakt zur Basis verloren haben. Gerade bei Ehemaligen-Treffen wird das Netzwerken stark erleichtert, weil von vornherein eine Vertrauensbasis vorhanden ist, die Sie in anderen Fällen erst mühsam aufbauen müssen. Das vertrauliche „Du" macht es leichter, jemanden auf bestimmte Dinge anzusprechen. Halten Sie sich solche Termine also auf jeden Fall frei.

Die Mitgliedschaft in einer Studentenverbindung lohnt sich erfahrungsgemäß. Gerade, weil heute viele Studentenverbindungen Nachwuchssorgen haben, werden Sie dort meist mit offenen Armen aufgenommen. Viele von ihnen nehmen zwischenzeitlich auch Frauen auf. Ebenso gibt es Verbindungen für Studentinnen. Eine davon ist „Athenia" in Würzburg. Falls Ihnen solche Verbindungen zu konservativ erscheinen sollten, erkundigen Sie sich ein wenig genauer, und Sie werden feststellen, dass dort in den letzten zwanzig Jahren viele „alte Zöpfe" abgeschnitten wurden.

Nach einer längeren Weiterbildungsmaßnahme oder einem Studium finden nach Abschluss oft Ehemaligen-Treffen (auch Alumni-Treffen genannt) statt. Pflegen Sie diese Kontakte, selbst wenn so etwas meist nach einigen Jahren einschläft. Bis dahin jedoch können sie Ihnen sehr viel nützen.

Im Urlaub

Wo fahren Sie hin? Zusammen mit Ihrer Freundin oder Ihrem Freund in eine einsame Gegend zum Wandern? Ich will Sie davon nicht abhalten, allerdings sollten Sie Urlaub auch einmal unter dem Aspekt der Netzwerkmöglichkeiten betrachten und danach

Netzwerken in der Freizeit

auswählen. Was meinen Sie wohl, warum Gruppenreisen oder Cluburlaube so beliebt sind? Weil es hier mehr Kontaktmöglichkeiten gibt, als wenn Sie allein oder zu zweit eine Reise machen.

> **Praxis-Tipp:**
>
> Überlegen Sie sich, warum Sie Urlaub machen. Wenn Kontakte knüpfen das wichtigste Ziel sein sollte, dann planen Sie ihn besonders sorgfältig, damit Sie in der schönsten Zeit des Jahres auch auf die Zielgruppe stoßen, die Sie interessiert. So kann sich für Sie eine teure Kreuzfahrt in die Karibik ebenso bezahlt machen wie ein Camping- oder Wanderurlaub in Irland.

Ein eigenes professionelles Netzwerk gründen

Mini-Netzwerke 124
Ableger eines bereits existierenden Netzwerkes gründen 124

Mini-Netzwerke

12 Es gibt kein passendes Netzwerk in der Nähe? Gründen Sie selbst eines oder fangen Sie mit einem Mini-Netzwerk an.

Sie kennen sicher ein paar Personen, mit denen es sich lohnen würde, sich regelmäßig mit dem Ziel zu treffen, sich beruflich gegenseitig zu fördern. Der organisatorische Aufwand ist gering. Entweder man trifft sich in einem gemütlichen Lokal, das für alle günstig zu erreichen ist, oder Sie verabreden sich reihum bei einem Mitglied. Ein fester Tagesordnungspunkt sollte jeweils sein: zu lernen, sich und seine Leistungen zu loben. Natürlich können Sie auch Probleme und Schwierigkeiten diskutieren mit dem Ziel, sich gegenseitig zu coachen. Denn viele berufliche Probleme lassen sich eben nicht mit der Partnerin oder dem Partner besprechen, mit der oder dem man zusammenlebt. So gibt es gute Gründe, das Netzwerken erst einmal im kleinen Kreis zu praktizieren.

Ableger eines bereits existierenden Netzwerkes gründen

Sie können auch einen „Ableger", eine Orts- bzw. Regionalgruppe oder ein Chapter eines bereits existierenden Netzwerkes an Ihrem Ort etablieren. Wenn Sie bereits Gleichgesinnte haben, können Sie sofort starten, falls nicht, können Sie mit einer kleinen Anzeige in der örtlichen Zeitung nach Gleichgesinnten Ausschau halten.

Netzwerken im Internet

Soziale Netzwerke	126
XING	127
Eigene Homepage	133
Machen Sie sich in Netzwerken nützlich	134

Soziale Netzwerke

Die bekanntesten sind Facebook, LinkedIn, Twitter und XING. Ob sich Google+ auf Dauer durchsetzen kann, wird sich zeigen. Zwar habe ich auch einen Account bei Facebook, Twitter und LinkedIn, allerdings habe ich bemerkt, dass man nicht auf allen Hochzeiten gleichzeitig tanzen kann. Deshalb beschäftige ich mich mit diesen Accounts nur sporadisch. Denn die Pflege dieser Netzwerke braucht Zeit. So sollten auch Sie sich gut überlegen, welches Netzwerk für Sie infrage kommt. Sind es eher private Interessen, weshalb Sie netzwerken möchten, oder berufliche?

Persönlicher Kontakt

So können Sie etwa auf Facebook über einen japanischen Internetpartner Tipps und Informationen für eine Reise nach Japan einholen, die Sie gerade planen. Ich möchte jedoch vorausschicken, dass sich tatsächliches Vertrauen, das letztlich den Zusammenhalt von Netzwerken ausmacht, über das Internet meist nicht aufbaut. Dies kann sich erst entwickeln, wenn Sie den Japaner, der Ihnen Informationen über Japan zukommen hat lassen, persönlich kennenlernen. Deshalb sind die über das Internet geknüpften Kontakte meist nur sehr kurzlebig. Denn Kontakte funktionieren auf lange Sicht nur dann Erfolg versprechend, wenn man sich untereinander persönlich gut kennt.

Selbst wenn Sie übers Internet persönliche Fotos verschicken und man sich sogar via Skype sehen kann, so wird dies alles nicht den persönlichen Kontakt ersetzen, denn es bleibt ein virtueller Kontakt. Trotz allen Einsatzes technischer Mittel kann man dem Gesprächspartner nicht die Hand schütteln oder direkten Blickkontakt aufnehmen. Deshalb ist eine regelmäßige Anwesenheit bei den Veranstaltungen, etwa bei den Rotariern, eine Pflicht, die sehr ernst genommen wird. So sollten Gesprächspartner, die sich via Internet kennengelernt haben, immer das Bestreben haben, sich wenigstens einmal persönlich kennenzulernen.

Das richtige Netzwerk

Sind Sie an beruflichen Kontakten im internationalen Umfeld interessiert, ist LinkedIn das richtige Netzwerk. Möchten Sie hingegen primär deutsche Kontakte aufbauen, pflegen und nutzen, dann empfiehlt sich XING. Ich selbst habe mich auf XING konzentriert. Das ist auch der Grund, weshalb ich in diesem Buch lediglich über XING schreibe.

Tobias Bartel, einer meiner Trainerkollegen, ist XING gegenüber etwas kritisch eingestellt und sieht darin eher eine Plattform zur Selbstdarstellung, zur „Nabelschau". XING bietet ihm aber auch die Möglichkeit, seinen Marktwert zu testen, für den Fall, dass man tatsächlich ein Jobangebot erhält, obwohl man seine Stelle gar nicht wechseln will. Dass man – wenn man möchte – von beruflichen Veränderungen seiner Kontakte erfährt, findet er ebenfalls hilfreich.

Bei der Kontaktaufnahme rät Bartel ab, sich lediglich auf einige wenige Schnittstellen zu einer Person zu berufen und dann direkt eine Kontaktanfrage zu starten. Selbst wenn diese bestätigt wird, ist dies nicht mehr wert als beispielsweise ein „Like" auf Facebook. Er empfiehlt, erst nach einem persönlichen Kennenlernen die entsprechende Personen auf XING zu suchen, um dann im Anschluss eine Kontaktanfrage zu starten.

XING

Wenn Sie XING mit all seinen Facetten und Möglichkeiten nutzen möchten, lohnt es sich immer, sich mit zusätzlicher, weiterführender Literatur auszustatten. Vieles ist zwar selbsterklärend, aber eben nicht alles. Wer sich intensiver mit dem Netzwerk beschäftigen möchte, kann sich auch Videoclips oder Vorträge auf YouTube ansehen. Achten Sie beim Kauf von weiterführender Literatur zum Thema XING auf die jeweils neueste Ausgabe, da sich bei Xing sehr schnell etwas ändern kann. Ich persönlich empfehle gern das Buch „XING für Dummies" von Constanze Wolff (Wiley Verlag).

Kontakte knüpfen und pflegen wird einem zwar mit dieser Plattform sehr einfach gemacht, trotzdem sollte man sich überlegen, wie viel Zeit man wöchentlich dafür investieren möchte. Zwei Stunden sind sicher nicht zu viel. Da man jedoch tagsüber manchmal oder auch regelmäßig Leerzeiten hat (Wartezeiten, Fahrt mit Bus, Bahn etc.), kann man zumindest Nachrichten schreiben und beantworten. Voraussetzung dafür ist die XING App.

Praxis-Tipp:
Wenn Sie sich auf XING angemeldet haben, ist die kostenpflichtige Premium-Mitgliedschaft empfehlenswert. Andernfalls lassen sich die wirklich wichtigen Funktionen nicht nutzen.

Profil

Nachdem Sie sich bei XING angemeldet haben, sollten Sie Ihr Profil gestalten. Von Bedeutung dabei ist Ihr Porträtfoto, das vor allem Ihrer Hauptzielgruppe gefallen muss. Am besten zeigen Sie vorab mehreren Personen in Ihrem Bekanntenkreis eine kleine Auswahl Ihrer Fotos und lassen diese „testen". Wenn Sie XING vor allem beruflich nutzen möchten, ist ein berufliches Outfit – soweit das auf dem Porträtfoto erkennbar ist – sicher von Vorteil. Bei Ihren Profildetails sollten Sie nach Möglichkeit die Schlagworte wählen, die Ihnen vorgeschlagen werden. Denn das sind die, nach denen andere suchen. Interessant ist auch die Gestaltung Ihres Portfolios. Hier können Sie Texte, Fotos, Videos und Links einbinden und haben somit eine Reihe von Gestaltungsmöglichkeiten.

Kontakte erstellen

Um möglichst schnell XING-Kontakte aufzubauen, gehen Sie am besten die Adressen in Ihrer Telefonliste durch und sehen nach, ob Sie die Freunde und Bekannten, mit denen Sie Kontakt halten möchten, auf XING finden; anschließend stellen Sie eine Kontaktanfrage. Wird sie bestätigt, sollten Sie dieser, wie auch jeder anderen Person, eine Kategorie zuteilen. Das mag bei wenigen Kontakten überflüssig sein, doch wenn es mehr als 50 sind, macht das sehr wohl Sinn, weil Sie dann bei verschiedenen Aktionen gezielt

Menschen einer bestimmten Kategorie anschreiben können. Zur Auswahl gibt es vorgegebene Kategorien, wie „Kollege", „Freund" oder „geschäftlich", Sie können aber auch selbst Kategorien kreieren, beispielsweise „Messekontakt". Angenommen, Sie fahren zu einer Veranstaltung wie der Frankfurter Buchmesse, dann könnten Sie im Vorfeld alle Ihre Kontakte darauf aufmerksam machen und fragen, wer noch dorthin fährt und sich dann verabreden. Übrigens wird auf XING in der Regel gesiezt, auf Facebook hingegen geduzt.

Achtung: Bei Ihrer Anmeldung auf Facebook, XING oder LinkedIn werden Sie gefragt, ob Sie alle Ihre E-Mail-Kontakte zu LinkedIn oder Facebook einladen wollen. Ich hatte bei LinkedIn diese Funktion beim Anmelden dummerweise übersehen und nicht deaktiviert. Folglich erhielten alle meine Outlook-E-Mail-Kontakte eine entsprechende Kontaktanfrage. Ich bemerkte das, weil ein früherer Freund – die Freundschaft ging damals im Unfrieden auseinander – sich darüber beschwerte, dass ich versucht hätte, wieder den Kontakt zu ihm aufzunehmen und das gefälligst unterlassen sollte. Natürlich habe ich seine und noch einige andere alte Kontaktdaten sofort aus Outlook gelöscht, denn es war mir im Nachhinein sehr peinlich, dass sich vermutlich noch einige andere Personen, wenn auch nicht geärgert, so doch vermutlich gewundert haben, von mir über LinkedIn eine Kontaktanfrage zu erhalten.

Kontakte finden und nutzen

Interessant bei XING ist auch, zu sehen, wer Ihr Profil besucht und über welchen Weg die Person Sie gefunden hat. Natürlich können Sie im Gegenzug diese Person anklicken, und falls Sie keine Kontaktanfrage gestellt hat, können Sie dies bei Interesse tun. Als Premium-Mitglied haben Sie zudem die Möglichkeit, die Kontakte Ihrer Kontakte einzusehen, falls diese nicht gesperrt sind. Das kann sich lohnen, um auf für Sie interessante Personen hinter Ihren persönlichen Kontakten zu stoßen.

Angenommen, Sie als Führungskräftetrainerin werden demnächst auf einer Messe eine langjährige Freundin, mit der Sie zusammen Jura studiert haben, treffen. Dann könnten Sie vorher einen Blick in die Kontaktliste Ihrer Freundin werfen. Vielleicht entdecken Sie dort die Personalleiterin eines mittelständischen Unternehmens

Netzwerken im Internet

mit 1.000 Mitarbeitern. Da Sie wie jeder Freiberufler und Selbstständige – mehr oder weniger – immer auf Kundenfang sind, könnte diese Frau für Sie von Interesse sein.

Wie aber stellen Sie jetzt den Kontakt zu der Dame her, ohne dass es plump wirkt? Fragen Sie doch Ihre Freundin: „Kennst du Frau M. eigentlich persönlich?", bzw.: „Was kannst du mir über Frau M. erzählen?" Diese Informationen könnten für Sie sehr wertvoll sein, wenn es Ihr Ziel ist, zu Frau M. einen persönlichen Kontakt aufzubauen.

Angenommen, Ihre Freundin kennt Frau M. persönlich, dann könnten Sie jetzt weiterfragen: „Weißt du, wann du sie mal wieder triffst?" Oder: „ Sag mal, könntest du mir ‚die Tür zu ihr öffnen'? Du weißt, ich habe ein großes Projekt abgeschlossen und jetzt brauche ich Nachfolgeaufträge." Gesetzt den Fall, dass Ihre Freundin Ihnen hier nicht entgegenkommt, dann könnten Sie sicher erreichen, dass Sie sich, wenn Sie aktiv auf Frau M. zugehen, auf Ihre Freundin berufen dürfen: „Angenommen, ich schicke Frau M. eine Mail oder ich rufe sie an, darf ich mich auf dich berufen?" Oder, falls Ihre Freundin schon Seminare bei Ihnen besucht hat: „Darf ich dich als Referenz angeben?"

Weiß Ihre Freundin nicht mehr, wie der Kontakt zu Frau M. zustande kam, können Sie trotzdem aktiv diesen Kontakt aufbauen, denn über Ihr XING-Profil erfahren Sie einiges über sie, etwa auch ihre Interessen. Vielleicht entdecken Sie berufliche Gemeinsamkeiten. Da haben Sie beispielsweise an der gleichen Universität studiert. An dieser Universität findet nun demnächst die 300-Jahr-Feier statt. Sie könnten sich jetzt im Rahmen einer Kontaktanfrage auf diese Gemeinsamkeit beziehen und ihr die Information über die 300-Jahr-Feier zukommen lassen.

Wenn sie den Kontakt bestätigt und sie Sie interessant findet, könnte es sogar sein, dass Sie gefragt werden, ob Sie dorthin fahren. Ist das der Fall, wäre ein nächster Schritt, ein persönliches Treffen auszumachen. Oder Sie fragen sie, ob sie zu der 300-Jahr-Feier fährt. Fragen sind übrigens immer gut, um die andere Person zum Antworten zu motivieren. Ansonsten schicken Sie ihr immer mal wieder eine interessante Info oder einen entsprechenden Link und schließlich können Sie ihr auch einmal eine Einladung zu einem Führungskräfteseminar mailen. Irgendwann trifft man sich vielleicht einmal ganz unverbindlich auf einer Messe, auf der Sie vielleicht auch wieder Ihre Freundin treffen. Denn es geht nichts über ein persönliches Kennenlernen.

Falls Sie jemanden für etwas Bestimmtes suchen, dann hilft Ihnen neben der normalen Suchfunktion die „erweiterte Suche". Vielleicht suchen Sie jemanden, der Ihre Texte für Ihre Homepage werbewirksam gestaltet, dann finden Sie über Xing sicher passende Kontakte.

Kontaktpflege

Wenn Sie gelegentlich auf sich aufmerksam machen wollen, gibt es eine einfache Möglichkeit, mit der Sie alle Ihre Kontakte gleichzeitig erreichen. Nach Ihrer Anmeldung bei XING erscheint, wenn Sie auf Ihr Profil gehen, ein Hinweis: „Neuen Beitrag erstellen" oder darunter ist das Feld: „Was gibt's Neues?" Hier können Sie Ihre neue Information eintragen. Dort habe ich zum Beispiel per Link auf einen Artikel in der Stuttgarter Zeitung zum Thema „Computerlinguistik" aufmerksam gemacht. Daraufhin erhielt ich einige Reaktionen von XING-Mitgliedern, auf die ich wiederum reagierte.

Gruppen

Um berufliche und/oder persönliche Kontakte zu knüpfen und zu pflegen, sind Gruppen interessant, in denen man sich über fachliche Themen oder Hobbys austauschen kann. Auch regionale Treffen werden hier vereinbart. Aktuell gibt es mehr als 56.000 Gruppen. Sicherlich gibt es darunter welche, die auch für Sie infrage kommen. Jede Gruppe wird von einem Moderator betreut. Handelt es sich um eine geschlossene Gruppe, müssen Sie den Moderator kontaktieren und ihm kurz mitteilen, weshalb Sie Mitglied in dieser Gruppe werden möchten.

In einer Fachgruppe haben Sie die Möglichkeit, mittels inhaltlich guter Beiträge einen Expertenstatus zu erwerben. Allerdings sind Sie dann nur Ihresgleichen bekannt. Interessanter sind manchmal die Interessensgruppen, da man hin und wieder – wenn man will – auch über persönliche Interessen miteinander „ins Geschäft"

Netzwerken im Internet

kommen kann. Wenn Sie beispielsweise erst vor Kurzem umgezogen sind, dann findet man über eine städtische oder regionale Gruppe schnell Kontakt zu Gleichgesinnten und kann Treffen vereinbaren. Gibt es eine solche Gruppe noch nicht in der Stadt oder Region, können Sie sie natürlich auch gründen. Laden Sie auch Ihre Kontakte zu Ihrer neuen Gruppe oder zu einer bestehenden ein. Natürlich können Sie Gruppen auch verlassen, falls Sie an ihr nicht mehr interessiert sind.

Allerdings untersagt XING die Gründung von Gruppen, die ausschließlich der Jobvermittlung dienen. Das ist verständlich, da XING mit dem Verkauf von Stellenanzeigen und dem Talentmanager Geld verdient. Wenn Sie sich jedoch die Gruppenbeiträge genauer anschauen, finden Sie dort auch Stellenangebote. Manche Gruppen haben sogar ein eigenes Forum für die regionale oder branchenspezifische Stellenvermittlung eingerichtet. Hier können Sie ein Stellengesuch eingeben oder Stellenangebote finden.

Stellenmarkt

XING eignet sich darüber hinaus auch zur Jobsuche. Oder Sie testen vorab Ihren Marktwert. Unter „ProJobs-Einstellungen" lassen sich die entsprechenden Rubriken ausfüllen. Doch selbst wenn Vertraulichkeit seitens XING garantiert wird, kann es passieren, dass ein Personaler Ihrer Firma im Rahmen seiner Recruiting-Tätigkeiten auf Sie aufmerksam wird.

Achtung: Sollten Sie ernsthaft auf Stellensuche sein und darf Ihr Unternehmen davon nichts erfahren, ist es sicherlich von Vorteil, das Zusatzpaket „ProJobs" für einige Monate dazuzubuchen, da Sie hier bestimmte Personen, beispielsweise Ihren Vorgesetzten oder Personaler, als Kontakt aussperren können. Außerdem haben Sie die Möglichkeit, Ihr Profil mit Zusatzangaben anzureichern und Dokumente hinzuzufügen.

Selbstverständlich können Sie auch als Arbeitgeber oder Mitarbeiter einer HR-Abteilung Stellenanzeigen einstellen. Allerdings kostet das je nach Aufmachung der Anzeige mehr oder weniger. Vorteil: Ihr Stellengesuch erscheint bei allen relevanten Mitgliedern nach dem Aufrufen Ihres Profils direkt auf der Starseite.

Interessant finde ich unter dem Button „Stellenmarkt" auch die Funktion, Projekte einzustellen, wenn man selbst jemanden für ein Projekt sucht oder aber ein Projekt übernehmen möchte. Klicken Sie auf den Namen des Projektes, erfahren Sie Details wie Firma, Ort, Dauer, erwünschte Qualifikationen etc.

Events

Wenn ich XING aufrufe, erhalte ich Event-Empfehlungen. Welche Events Ihnen empfohlen werden, können Sie über den Button „Events" steuern, indem Sie die Themengebiete eingeben, die Sie interessieren. Unter dem Button „Events organisieren" können Sie auch Ihre eigenen Events kurz beschreiben und einstellen; Mitglieder haben dann die Möglichkeit, sich dafür anzumelden. Über das neue, allerdings kostenpflichtige EventPLUS, lassen sich Eventankündigungen visuell attraktiv aufbereiten. Sie erfahren nicht nur, wer sich angemeldet hat, sondern auch, wer sich für Ihr Event interessiert und wie diese Person auf Ihr Event aufmerksam geworden ist.

> **Praxis-Tipp:**
> Interessant ist das Vorteilsprogramm, mit dem Sie bei Produkten und Dienstleistungen attraktive Vergünstigungen erhalten. Sie finden dieses Programm, indem Sie oben in der Leiste auf „Unternehmen" klicken. Anschließend öffnet sich ein neues Feld u. a. mit dem Stichwort „Vorteilsprogramm". Nicht nur für Sie als Nutzer ist dieses Programm interessant, sondern auch für Unternehmen, die damit ihr Angebot einer großen Anzahl von XING-Mitgliedern bekannt machen können.

Eigene Homepage

Ein Online-Anschluss ist für professionelles Netzwerken heute unerlässlich. Von Vorteil ist zudem eine eigene Homepage, eventuell mit Ihrem persönlichen Namen in der Domain, falls diese nicht schon vergeben ist. Es gibt hier wirklich preiswerte Angebote. Auch die Anschaffung eines Scanners, um Bilder und Grafiken per E-Mail zu verschicken, ist erschwinglich.

Machen Sie sich in Netzwerken nützlich

Laut der IAB-Erhebung des gesamtwirtschaftlichen Stellenangebots 2006 wurde über ein Drittel der Stellen (34 Prozent) über eigene Mitarbeiter oder persönliche Kontakte besetzt. Gegenwärtig hat jedes sechste Dax-Unternehmen ein institutionalisiertes Programm „Mitarbeiter werben Mitarbeiter" (Quelle: Focus Money, Nr. 13, 2007). Sie merken also, netzwerken zahlt sich aus.

Doch nur, wenn Sie daran denken: Netzwerken beruht auf der Reziprozitätsregel, der Regel des „Gebens" und „Nehmens" oder wie es im Alten Rom hieß: „Do ut des". Zuerst kommt demnach das „Geben" und dann gegebenenfalls des „Nehmen". Es trifft auch nicht den Sinn des Netzwerkens, beim „Geben" gleich darauf zu schauen, was man zurückerhält. Grundsätzlich gilt: Kontakte knüpfen, bevor man sie braucht. Es kann also sein, dass man zehn Mal in Vorleistung tritt und nur einmal etwas zurückbekommt. Doch wie bei jeder Investition gibt es auch bei einer Investition in Menschen ein Risiko – mal eine Fehlinvestition oder mal einen Glücksgriff.

Wie können Sie anderen Netzwerkmitgliedern Nutzen bieten?

Das können Spezialkenntnisse sein. Begehrt sind heute Menschen mit PC-Kenntnissen. Auch „Türöffner" sind sehr gefragt. Das kann eine Sekretärin sein, die einem einen Termin beim Professor ermöglicht. Je nützlicher jemand für andere ist, desto bekannter und beliebter wird dieses Netzwerkmitglied sein und desto eher wird man ihm auch einmal einen Gefallen tun. Manchmal ist es für andere schon nützlich, wenn man interessante Informationen oder beachtenswerte Zeitungsberichte weitergibt.

Eine Möglichkeit, die eine Bekannte von mir nutzte, war die Bewerbung um eine nicht allzu begehrte Aufgabe in einer Organisation: Sie führte an den Abenden die Anwesenheitsliste, gab jedem Mitglied sein Namensschild und kassierte den Eintritt, falls ein solcher erhoben wurde.

Was sind die Vorteile dieses Jobs? Da sie ein neues Mitglied war, lernte sie die Mitglieder sehr schnell namentlich kennen, und sie hatte die Chance, aufgrund der in der Mitgliederliste aufgeführten

Informationen die für sie interessanten Frauen ausfindig zu machen. Da sie eine sehr gewinnende Persönlichkeit hatte und sich vor einem Jahr als Unternehmensberaterin selbstständig gemacht hatte, können Sie sich vorstellen, dass sich daraus für sie interessante Kontakte ergaben.

Nachteil ihres Vorgehens: Sie musste regelmäßig bei den Abenden anwesend sein. Doch ist dies sogar eher ein Vorteil, denn so war ein gewisser Zwang vorhanden, an jedem Treffen teilzunehmen.

Netzwerke brauchen Sponsoren

Bei Netzwerken gibt es immer wieder Ereignisse, die sich nicht allein aus Mitgliederbeiträgen finanzieren lassen, wie Jahrestagungen, Kongresse oder auch PR-Veranstaltungen. Dafür braucht man Sponsoren.

Es ist jedoch meist schwierig, Mitglieder für diese Aufgabe zu begeistern. Wahrscheinlich liegt es daran, dass diese Mitglieder noch nicht erkannt haben, welche ungeheuren Kontaktmöglichkeiten sich daraus für sie ergeben. Es ist nämlich eine äußerst dankbare Aufgabe, sich um Sponsoren zu bemühen.

Wichtig: Die Kontakte, die Sie hier knüpfen können, sind nicht mit Geld aufzuwiegen. Sie haben es in der Regel mit Vorstandsvorsitzenden, Topmanagern und Geschäftsführern zu tun. Wenn Sie in diesen Gesprächen einen positiven Eindruck hinterlassen, ergeben sich daraus vielleicht für Sie interessante berufliche Beziehungen. Sie werden außerdem die Erfahrung machen, dass es in der Regel leichter ist, sich für eine gute Sache einzusetzen, als für sich selbst direkt PR zu betreiben. Deshalb melden Sie sich bei der nächsten Gelegenheit sofort, wenn für diese Aufgabe jemand gesucht wird!

Netzwerk-Chancen gezielt nutzen

Darüber hinaus können Sie ein Netzwerk, in dem Sie Mitglied sind, dazu nutzen, Interessenten zu suchen, um diese zu einem Netzwerk-Abend einzuladen. Wenn diese Personen dann Mitglied werden sollten, können Sie sogar im Rahmen einer solch offiziellen Organisation ein eigenes persönliches Netzwerk aufbauen.

Oder Sie können in Absprache mit dem Vorstand Ihrer Organisation einer interessanten Persönlichkeit die Möglichkeit bieten, einen Vortrag zu halten. Das kostet Sie persönlich keinen Cent und ist außerdem noch eine gute PR-Möglichkeit für Sie.

Liebe Leserinnen und Leser,

es war mein Anliegen, Ihnen Möglichkeiten und Wege aufzuzeigen, um durch Netzwerken beruflich erfolgreicher zu werden. Wenn Sie darüber hinaus Anregungen und Tipps haben, wie man Kontakte knüpfen und beruflich nutzen kann, würde ich mich freuen, wenn Sie sie mir zur Verfügung stellen würden, damit ich sie bei der nächsten Auflage dieses Buches berücksichtigen kann.

Dr. Gudrun Fey

Netzwerk-Adressen

brainGuide – DAS EXPERTENPORTAL
Kunden- und Supportcenter
Hauptstraße 19
92319 Starnberg
Tel.: (0 81 51) 6 50 88 90
Fax: (0 81 51) 6 50 88 89
service@brainguide.com
www.brainguide.de

Bundesverband der Frau in Business und Management e.V.
Gropiusstraße 7
48163 Münster
Tel.: (0 25 01) 5 94 06 04 01
verband@bfbm.de
www.bfbm.de

EWMD Deutschland e.V.
Mentoring und berufliche Beratung für Frauen
Große Weinmeisterstraße 2
14469 Potsdam
Tel.: (03 31) 2 79 98 88
Fax: (03 31) 2 79 98 45
germany@ewmd.org
www.ewmd.org

Expertinnen-Beratungsnetz/Mentoring
Arbeitsstelle der Universität Hamburg
Bogenallee 11
20144 Hamburg
Tel.: (0 40) 4 28 38 79 90
Fax: (0 40) 4 28 39 79 91
expertinnen@uni-hamburg.de
www.expertinnen-beratungsnetz.uni-hamburg.de

Netzwerk-Adressen

FIM – Vereinigung für Frauen im Management e.V.
Postfach 130531
20105 Hamburg
Tel.: (0 40) 72 10 43 06
Fax: (0 40) 72 10 43 07
info@fim.de
www.fim.de

Gabal e.V. – Wissen vernetzen
Budenheimer Weg 67
55262 Heidesheim
Tel.: (0 61 32) 5 09 50 90
Fax: (0 61 32) 5 09 50 99
www.gabal.de

Trainertreffen Deutschland
Buchholzweg 3
31535 Neustadt-Mardorf
Tel.: (0 50 36) 92 47 90
Fax: (0 50 36) 92 47 60
info@trainertreffen.de
www.trainertreffen.de

Verband deutscher Unternehmerinnen e.V. (VdU)
Glinkastraße 32
10117 Berlin
Tel.: (0 30) 20 05 91 90
Fax: (0 30) 20 05 91 92 00
info@vdu.de
www.vdu.de

Virtual Partner
Christa van Winsen Steubenstraße 5
70190 Stuttgart
Tel.: (07 11) 61 70 33
info@virtual-partner.de
www.virtual-partner.de

webgrrls.de e.V.
Business-Networking für Frauen in den neuen Medien
c/o Sarah Hueber
Sebastian-Kneipp-Gasse 12
86152 Augsburg
Tel.: (08 21) 3 19 55 33
info@webgrrls.de
www.webgrrls.de

WOMAN's Business Akademie GmbH
Ungerer Straße 58
80805 München
Tel.: (0 89) 44 71 72 75
Fax: (0 89) 44 71 72 76
info@womans.de
www.womans.de

Literaturhinweise

Asgodom, Sabine: Eigenlob stimmt, Econ Verlag

Cialdini, Robert B.: Die Psychologie des Überzeugens, Hans Huber Verlag

Fey, Gudrun: Gelassenheit siegt!, Walhalla Fachverlag

Fey, Gudrun: Reden macht Leute, Walhalla Fachverlag

Fey, Gudrun: Redetraining als Persönlichkeitsbildung, Walhalla Fachverlag

Fey, Gudrun: Selbstsicher reden – selbstbewusst handeln, Walhalla Fachverlag

Fey, Gudrun: Überzeugen ohne Sachargumente, Walhalla Fachverlag

Fey, Gudrun: Sicher und überzeugend präsentieren, Walhalla Fachverlag

Friedrich, Kerstin: Empfehlungsmarketing, Gabal Verlag

Polk, Petra: Like. So netzwerken Sie sich an die Spitze, Goldegg Verlag

Schäfer-Ernst, Barbara: Geschickt kommunizieren, Fit for Business

Seligmann, Martin: Pessimisten küsst man nicht, Droemar Knaur

Schüller, Anne M.: Zukunftstrend Empfehlungsmarketing, Gabal

Templeton, Tim: Networking, das sich auszahlt, Gabal

Warnemann, Heinz W.: XING für Einsteiger, Stark Verlag

Wolff, Constanze: XING für Dummies, Wiley-VCH Verlag

Seminare mit Dr. Gudrun Fey

Unsere Firma „study & train" veranstaltet regelmäßig offene Seminare zu folgenden Themen:

- Rhetorik mit Power: Überzeugend auftreten und reden
- Intensives Präsentationstraining: Wie Sie Informationen und sich selbst professionell präsentieren

Natürlich führen wir auch gerne Inhouse Seminare durch, u.a. zu folgenden Themen:

- Führung
- Rhetorik & Präsentationen
- Gespräche & Besprechungen
- Service & Verkauf

Seminare finden nicht immer zu dem Zeitpunkt statt, wenn man sie braucht. Nutzen Sie auch unsere Audio-CDs (siehe „Literaturhinweise") zur individuellen Weiterbildung, zum Beispiel beim Auto- oder Zugfahren.

Wenn Sie an unserem Seminarangebot interessiert sind, schicken wir Ihnen gerne weitere Informationen zu:

study & train
Gesellschaft für Weiterbildung mbH
Möhringer Landstraße 36
70563 Stuttgart
Tel.: (07 11) 7 16 82 86
Fax: (07 11) 7 16 82 87
E-Mail: info@study-train.de
Internet: www.study-train.de

Stichwortverzeichnis

Abteilungsfrühstück 108
Anrufbeantworter 80

Back-tracking 51
Bekanntheitsgrad 10, 12, 108
Besprechungen 103
Betriebssport 107
Bitten 91

Danken
– Anrufen 100
– Dankeskarten 99
Dialektfärbung 64
Dienstleistungen 11, 25
Distanzgefühl 44
Duzen 50

Eigenlob 37
Eigenschaften, persönliche 32
– ausdrucksstarke Körpersprache 43
– Blickkontakt halten 43
– Freundlichkeit 41
– gutes Namensgedächtnis 47
– Hilfsbereitschaft 40
– Neugierde 42
– Pünktlichkeit 42
– richtige Körperhaltung 44
– Teamfähigkeit 41
Elevator Pitch 68
E-Mail-Adresse 80
Empfehlungsschreiben 100
Eselsbrückentechnik 48
Event 95
Expertenwissen 29

Facebook 18
Face-to-face-Kontakt 102
Fachmessen 113
Fähigkeiten, berufliche 29, 116

Fauxpas 67
Fragen stellen 53
Führungskraft als Netzwerker 110

Gegenseitigkeitsprinzip 14, 38
Geschenke 78, 97
Gesprächsaufhänger 64
Größenunterschiede 45

Handy 80
Hobbys 29
Homepage 80, 133
Humor 56

Interessen, persönliche 30

Journalisten 110

Kantine als Informationsbörse 105
Killerphrasen 47
Klatschen 54
Kommunikationsfreude 38
Komplimente 65, 66
Kongresse 113
Kontaktaufnahme 45
Kontaktmöglichkeiten 13
– Alumni-Treffen 121
– Bahnfahren 119
– Ehemaligen-Treffen 121
– Einkaufen 119
– Lokale 120
– Tagungen 112
– Urlaub 121
– Vereine 118
Kontaktpflege, Geburtstags- und Weihnachtskarten 87
Kooperation 12
Körperberührungen 46
Kundenbindung 94

Stichwortverzeichnis

Kundeninformationen 94
Kundenkontakt 97

Leistung, persönliche 10
LinkedIn 18
Lob 65

Medien 109
Meinungen, andere 52
Menschenkenntnis 72
Mentees 28
Mentoren 28
Mentoring 7
Mini-Netzwerke 124

Nachbarschaftshilfe 26
Nein-Sagen 32
Netzwerke
– kommerzielle 73
– soziale 18, 126
Netzwerken 19
Netzwerk-Strategien 102
Netzwerk-Typen
– berufsbezogene 18
– branchenübergreifende 18
– persönliche 18
– übergeordnete 18
Netzwerk-Vorteile
– Empfehlungen bekommen 25
– Hintergrundinformationen 24
– Nachbarschaftshilfe 26
– Nestwärme 22

Offenheit 53
Online-Anschluss 133
Optimismus 47

Partys 116
Pfadfinderregel 91

Positiv denken 47
Pressemeldung 110
Projekte 106
Provokationen 63

Rabatte 96
Referenz 25
Reziprozitätsregel 14

Schweigen 39
Selbstorganisation 18
Siezen 50
Small Talk 60, 61
Social Sponsoring 95
Spezialkenntnisse 29
Sportvereine 118
Stoppspiel 53

Timing 11
Toleranz 53
Twitter 18

Vertrauen 25, 56, 57
Visitenkarten 74, 83, 84, 85
Visitenkartenpartys 74
Vitamin B 11
Vorbild 20
Vorleistung 90

Widerrede 52

XING 18, 77, 127
– Events 133
– Gruppen 131
– Kontakte erstellen 128
– Kontakte finden 129
– Kontaktpflege 131
– Profil 128
– Stellenmarkt 132

Download inklusive: Lesen wo und wann Sie wollen

Ihr Code zum Download

LRM-HQL-MPU

Mit diesem Code können Sie das Kapitel „Mentoring – Sonderform des Netzwerkens" von unserer Homepage herunterladen:

- Gehen Sie auf **www.walhalla.de/service/aktivierungscodes** oder nutzen Sie den nebenstehenden QR-Code.
- Geben Sie Ihre E-Mail-Adresse und den Aktivierungscode ein.
- Der Link zum Download wird Ihnen per E-Mail zur Verfügung gestellt.

Wir setzen auf Vertrauen
Das E-Book wird mit dem Download-Datum und Ihrer E-Mail-Adresse in Form eines Wasserzeichens versehen. Weitere Sicherungsmaßnahmen (sog. Digital Rights Management – DRM) erfolgen nicht; Sie können Ihr E-Book deshalb auf mehrere Geräte aufspielen und lesen.

Wir weisen darauf hin, dass Sie dieses E-Book nur für Ihren persönlichen Gebrauch nutzen dürfen. Eine entgeltliche oder unentgeltliche Weitergabe an Dritte ist nicht erlaubt. Auch das Einspeisen des E-Books in ein Netzwerk (z.B. Behörden-, Bibliotheksserver, Unternehmens-Intranet) ist nicht erlaubt.

Sollten Sie an einer Serverlösung interessiert sein, wenden Sie sich bitte an den WALHALLA Kundenservice; wir bieten hierfür attraktive Lösungen an (Tel. 0941/5684-214).

Bitte sorgen Sie mit Ihrem Nutzungsverhalten dafür, dass wir auch in Zukunft unsere E-Books DRM-frei anbieten können!